「地震占い」を解く

佐藤洋子 著

高文研

目次

第Ⅷ章 平安京遷都が進められていたころ

第Ⅸ章 九世紀末の寒冷期

はじめに

長野県のある村に農書（営農技術を伝える文）が伝えられています。冒頭に呪文《じゅもん》のような「ぢしんうらない」がついています。

一、しよん水《ずい》ぼうみんしだい、かつ此義《このぎ》ハ正月・二月・三月はる三つきの間、ぢしんいたす時かならす大雨ふり、大水《おおみず》ニ《に》而《て》作《さく》ちかい大きゝん
一、四五八《よんごはち》りやうかうせんし、此《この》三つきぢしんいたせ者《ば》、高家衆《こうけしゅう》御せいきやう被成候《なされそうろう》
一、六九一《ろくきゅういち》きん石米成候《せきこめになりそうろう》、此三つきぢしんいたせ者《ば》、世中《よのなか》まんさく
一、七十二《ななじゅうに》ていひうびやうき、此三つきぢしんいたせ者《ば》、おう様御わつらい、つわ者《もの》なんきかゝり候、是《これ》ちしんうらない也
（ルビは全て著者）

文は『長野県史』近世史料編第七巻（文書番号一一二二）に収められています。
これは、江戸時代、寛永《かんえい》五（1628）年、水内郡《みのちぐん》（長野県信濃《しなの》町）柏原《かしわばら》村住人中村六左衛門

（八十才）が書き留めたといいます。

六左衛門の住む地域では、慶長《けいちょう》七（１６０２）年（家康《いえやす》が征夷大将軍《せいいたいしょうぐん》に任ぜられる前年）、徳川《とくがわ》方による、田畑の面積を計り収穫量を推定するための検地《けんち》が行なわれます。第七巻（二）番号五五七の「川中島四郡検地打立之帳」から、柏原村の石高《こくだか》は五十六石《こく》七斗《と》一升《しょう》八合《ごう》と決められ、柏原村が初めて県史に登場します。

一石は十斗です、一斗は18リットルで十升、一升は十合です。柏原村の総石高からすると、耕地はおおよそ六町歩《ちょうぶ》（一町歩は十反歩《たんぶ》、一反歩は約三百坪、一反あたりの米収穫量を一石と予想する）程度でしょうか。

検地により村高が決められたので、村全体で年貢《ねんぐ》や諸役《しょやく》を上納することになった（村請《むらうけ》制）と考えられます。

慶長十六（１６１１）年、家康六男松平忠輝の家老四人と大久保長安の連署で規定を申しつける書は、第七巻（三）番号二一八三にあります。その「伝馬《でんま》宿《しゅく》定書《さだめがき》」は、ふる間《ま》村（大古間）宛《あ》てのものが県史に掲げられています。この文書は柏原村も保有する（『長野県上水内郡誌歴史編』５４０頁）といいます。松平忠輝により伝馬宿という仕事が柏原村に命じられたと考えてよさそうです。

同年、信州柏原村中に出された、第七巻（三）番号二一八四「伝馬屋敷下付証文《てんまやしきかふ》」によると、宿駅柏原村全体の屋敷にかかる、今でいう固定資産税の根拠は、十三石二斗です。面積にすると一町歩強ほどでしょうか。

この年貢（税）は二石六斗四升ですが、御伝馬と雪中上り下りの送迎費用に領主が下さるというものです。

雪の深い地域なので、苦労への配慮、または農民の不満を除くためともいわれます。〔『長野県史通史編第四巻近世一』（92〜95頁）〕

一般に、「伝馬」は宿駅に備えて公用にあてられる馬を指すそうです。

伝馬役を義務づけられた宿は駅伝の方法で、人や物を継ぎ送らねばなりません。幕府の最重要の継ぎ送りは無賃、大名などについてはお定《さだ》め賃《ちん》銭があり、一般むけは高く、異なっていたようです。

両隣は古間村と野尻村です。柏原から古間まではすぐ、古間先の牟礼までだと9㎞くらい、野尻までは5㎞くらいです。柏原村と古間宿は一月《ひとつき》の半分ずつを担ったといわれています。

柏原村宿駅の規模について、当初の世帯数は正確に分かりませんが、長野市誌によれば、「百姓が自立して生活してゆくには自分の屋敷地を持ち、少なくとも三石以上の石高をもたねばならない」そうです。

村の石高から推定すると、宿駅を開いた当初は二十世帯ほどでしょうか。

「占い文」を現代文に代えます

地震がおきた月で吉凶を占うという、ナンセンス・取るに足りないものか、長く口伝《くでん》・伝承された類いの大切なものか、農書《のうしょ》を尊んで検討してみることにします。

柏原村は俳人小林一茶《いっさ》の故郷でもあります。最初に、新潟の訛《なま》りを直し、また『広辞苑』の助けを借りて、意味を取りながら読み直します。

最初の一文の「しよん水《ずい》」を「しょうずい」と捉えると「祥瑞《しょうずい》」になります。祥瑞は天帝《てんてい》が地上の皇帝の善政《ぜんせい》に感応《かんのう》（心に感じる）し、出現させる良い事と伺えます。高松塚古墳の星宿《せいしゅく》図《ず》（吉凶占いのため、星宿・星座の所在を月日にあてて描いた天文図）が描かれたころの八世紀初頭に仏教に伴って、中国から移入された言葉と考えられています。「ぼうみん」は良いことの裏返しの「亡民」と伺えます。「しよん水《ずい》ぼうみんしだい」は、「祥瑞亡民次第《しょうずいぼうみんしだい》」になり、意味は「豊年のような良いことと飢疫《きえき》で多くの人々が亡くなることの由来」と理解してよいでしょう。ここでは掛け声のような文句と捉えたいと思います。「作ちかい」は「作違い・不作」です。「大きゝん」は「大飢饉《ききん》」です。

次の一文の「りやうこう」は、「良好」と読みました。「せんし」は「宣旨《せんじ》」です。宣旨は天皇の命令を伝える公文書です。嵯峨《さが》天皇（八〇四―八二三）の代に多用されたことが知られています。「高家《こうけ》」は藤原氏のような権門勢家《けんもんせいか》をさし、「衆《しゅう》」は複数を表します。「せいきよう」は「盛況」です。

三番目の一文ですが、六九一の一は正月としてすでに使われているので、十一月と推定します。「きん石」は「金石《きんせき》」で硬いものです。「世中」は「世の中」、「まんさく」は「万作・豊作」です。四番目です。七十二の二も、最初の一文ですでに使われているので十二を指すと考えました。「ていひう」は「たいふう」です。昔は、大風と表したようです。「びやうき」は、「病気」と読み取れます。「おう様」は「王様」と思われます。日本の「王」を指す言葉が初めて中国の文献（当時日本に文字がなかったため）に登場するのは、弥生《やよい》時代中後期から、西暦では二百年から三百年ころといいます。「わつらい」は「患い」、「つわ者」は「つわもの」です。「つわもの」は「兵」と表され、戦いのための道具を表したそうです。ここでは「つわ者」なので、物でなく人と理解しました。武士という言葉の一番古い使用例は続日本紀（七二〇年前後）にあるといいます。「かかり」は「降りかかり」の意味と理解しました。

よって、最古の大地震から検討する必要がありそうです。

文書が書かれたのは江戸時代初期なので、すべて旧暦です。今より一ケ月くらい遅れて季節がめぐっています。分かりやすい言葉に代えたところで、もう一度読んでみます。

一、吉兆亡民《きっちょうぼうみん》次第（掛け声のような文句、良いことと亡民の由来）、これは正月・二月・三月、春三つき（月）の間に地震があると、必ず大雨が降り大水により不作・大飢饉《ききん》です。

一、四月・五月・八月は良好宣旨（良いお告げ）、この三つきに地震があると高家の方々はご盛況なさいます。

一、六月・九月・十一月は、石などの硬いものまで米に成ります、この三つきに地震があると、世の中は豊年万作です。

一、七月・十月・十二月は大風《たいふう》（台風）、病気この三つきに地震があるとおう様お患い、つわ者（兵）に難儀（困難）が降りかかります。これは地震占いです。

第Ⅰ章　古代日本が中央集権国家をあゆみ始めたころ

日本で起きた地震を記録した、『大日本地震史料』⑴の地震目録によると、地震の大きさによる分類があり、人畜死傷したものを「大」としたといいます。記憶に残るのは大地震と考えられるので、大地震を主として検討します。

良く知られているように、最初の大地震は推古七（５９９）年四月に大和でおきたと記録されています。これ以降の大地震との関わりを検討することになります。

参考図書名で頻出するものの省略は次のとおりです。

『日本書紀』は上下二冊なので下巻は『書記下』⑵、『続日本紀』⑾は、『続』とし、五冊に分かれているので、一冊目は『続一』と表しました。

『日本文徳天皇実録』⒁は『文徳実録』、『日本三代実録』⒂は『三代実録』と表しました。巻末の「参考図書」もご参照ください。

意味の説明を要する言葉は、横に傍線を引き、巻末に説明をつけました。あくまで、物語の主人公は歴史上の大地震です。その後、占い文のようなことがあったかどうかを探訪する試みです。

では、これから大地震との関わりを求めて歴史を辿ります。

推古七年四月の大和大地震と「四・五・八月、高家衆ご盛況」

推古《すいこ》七（599）年四月、地震があったという『書紀下』の記録です。

推古七年、夏四月《うづき》、（現在の表記で）二十七日、地震により舎屋《やかず》（家屋）悉破《ことごとくこほ》（ことごとくこわ）れた。則《すなわ》ち（そこで）四方《よも》に令《のりごと》（命令）して、地動《ない》（地震）の神を祭《いの》らしむ。

推古朝は593年十二月に、敏達《びだつ》天皇の皇后が今の奈良県高市郡明日香《あすか》村の豊浦宮《とゆらのみや》で即位して始まります。日本で最初の女性天皇として知られています。

皇后は、用明《ようめい》と同母の妹で、即位前の名前は額田部皇女《ぬかたべのひめみこ》とか豊御食炊屋姫《とよみけかしきやひめ》と記されています。父は欽明《きんめい》、母は蘇我稲目《そがのいなめ》の娘の堅塩媛《きたしひめ》です。

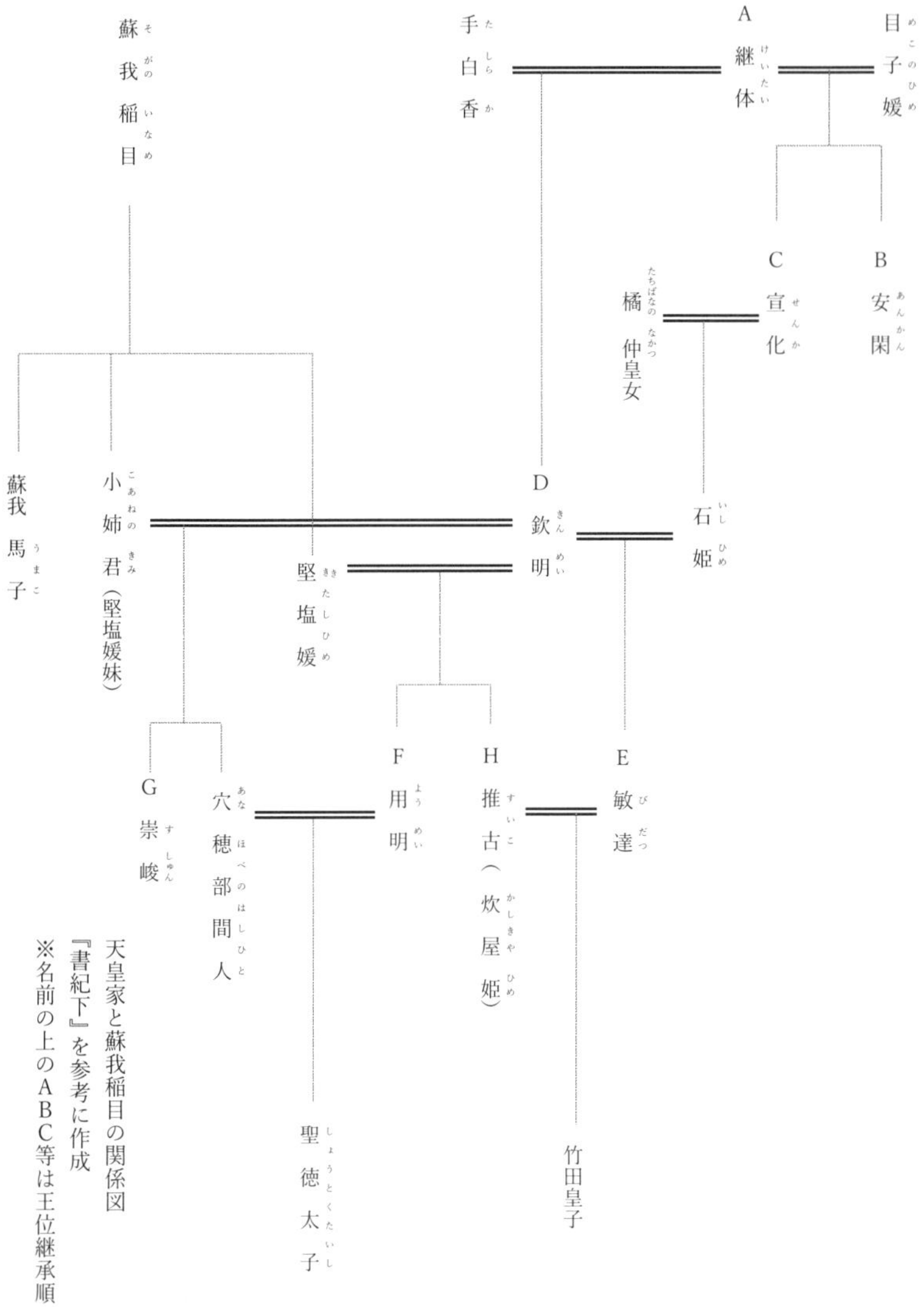

天皇家と蘇我稲目の関係図

『書紀下』を参考に作成

※名前の上のABC等は王位継承順

稲目《いなめ》の孫は、585年に即位した用明《ようめい》から崇峻《すしゅん》・推古《すいこ》と天皇です。

このとき（推古朝始まり）から持統が藤原京をつくるまで、孝徳《こうとく》のとき難波《なにわ》に（十年）、天智《てんじ》のとき近江《おうみ》に（六年間）都が一時おかれたのをのぞくと、およそ、100年にわたって、都が飛鳥《あすか》におかれたことになる。都がこのように、一つの地方に固定したのは、日本の歴史ではじめてである。そしてこの飛鳥地方で、日本ではじめて、仏教を中心とした文化が花ひらくのである。この時代を、飛鳥時代とよぶ。〔『日本の歴史1』(3)〕

推古《すいこ》は、崇峻《すしゅん》天皇が大臣蘇我馬子《おおおみそがのうまこ》（稲目息子）に殺された後、群臣《ぐんしん》の衆議により、擁立されたといいます。

推古元（593）年四月、聖徳太子（父は用明、母は欽明皇女の穴穂部間人皇女《あなほべのはしひと》）を皇太子とします。

蘇我系皇太子です。

蘇我氏は今の高市郡橿原《かしはら》市蘇我町を本拠とする大豪族《ごうぞく》（i）で、欽明《きんめい》朝をたてたとする論もあるそうです。（補注17・二二）

欽明朝の大臣は稲目《いなめ》で、敏達《びだつ》・用明《ようめい》・崇峻《すしゅん》・推古《すいこ》朝では蘇我馬子《うまこ》が大臣です。

推古七（599）年四月の大地震の後、推古十一（603）年十二月五日、冠位十二階《じゅうにかい》が行われます。今では、次のように考察されています。

冠位十二階は日本における冠位制の嚆矢《こうし》（はじまり）であり、それは大化以後の諸冠位制を経て、ともかくも律令位階制《いかいせい》へつながるものとして、位階制成立史のうえで注目されねばならない。〔『書記下』（補注22・二）〕

冠位制をくわしく研究した黛《まゆずみ》弘道によって、のちの律令制の位階における正一位から従三《じゅさん》位《み》までの高い位が、冠位十二階に欠けていることが明らかにされた。律令制では正一位から従三位までが「公卿《くぎょう》」で政府の首脳部であったが、この地位を蘇我氏が占めていたのである。〔『日本の歴史１』（１１９頁）〕

被授者の本貫《ほんがん》（籍）を調査すると、それは畿内《きない》及びその極く周辺に限られており、冠位の施《し》行《こう》範囲がかなり限定されていること、地方豪族にも冠位が与えられるのは大化以後であること、それらをもとに推考すれば、冠位十二階の施行をもって、直ちに豪族間に新秩序が貫徹したなどとはとうてい考えられない。〔『書記下』（補注22・二）〕

推古十二（６０４）年四月、憲法十七条が聖徳太子によって作られたといいます。
推古二十九（６２１）年春二月《きさらぎ》五日、聖徳太子が薨去《こうきょ》（みまかる・死没）します。
推古三十四（６２６）年夏五月《さつき》二十日、大臣（蘇我馬子七十六才）が薨去します。
この年と翌年は飢餓と奇怪な様子の記述が続きます。

是歳《このとし》、三月より、七月に至るまでに、霖雨《ながあめ》ふる。天下《あめのした》、大《おお》きに飢《う》う、老《おきな》は草の根を喰らいて、道の端に死ぬ。幼《いとけなき》は乳《ち》を含みて、母子《はは こ》共《とも》に死ぬ。又強盗《ぬすびと》、同時に、大きに起《おこ》りて、止むことがない。三十五年の春二月《きさらぎ》に、陸奥国《みちのくのくに》にムジナがいて、人に化けて歌をうたう。夏五月に、ハエが聚《あつ》集《ま》った。その凝累《こりかさな》ること十丈ばかり、虚《おおぞら》に浮び信濃坂《しなのさか》（信濃国伊奈郡と美濃国恵奈郡境の御坂《みさか》・神坂峠）を超える。鳴《な》る音、雷《いかづち》の如《ごと》し。そして、東《ひんがし》のかた上野《かみつけの》国《くに》に至り、自《おの》づから散った。〔『書記下』（２１２頁）〕

推古三十六（６２８）年三月《やよい》七日、七十五才の天皇（女帝）が崩御《ほうぎょ》（皇后以上の者の死去）します。
推古の死後、王位は蘇我系の皇子をめぐって争われたのであり、蘇我氏内部の対立へと進んでいったといいます。

推古崩御の翌年正月、田村皇子《たむらおうじ》が王位につき舒明《じょめい》天皇です。舒明の父は敏達《びだつ》の皇子、母は敏達皇女です。非蘇我系の天皇になりますが、大臣は馬子の息子の毛人《えみし》（蝦夷《えみし》）です。

舒明《じょめい》十一（６３９）年七月に、舒明大王は命令して、「今年、大宮《おおみや》（百済宮《くだらのみや》、『書紀下』（注））及び、大寺《おおでら》（百済大寺、）を造作《つく》らせなさい」とおっしゃった。そこで、百済川の側《ほとり》を以《も》て宮《みや》処《どころ》とした。是《ここ》を以て（よって）、西の民《おおみたから》は宮を造り、東の民は寺を作る。〔『書記下』（２３３・２３４頁）〕

舒明十三（６４１）年十月、天皇は百済宮で崩御します。

崩御の儀式で、東宮《もうけのきみ》（皇太子）開別皇子《ひらかすわけのみこ》（のちの天智《てんち》）が十六才で誄《しのびごと》（死者を慕《した》い、その霊に向かい言葉を述べる）をなさったといいます。

皇極元（６４２）年正月に、舒明皇后（炊屋姫《かしきやひめ》）が即位し、皇極《こうぎょく》天皇です。

同日、蘇我蝦夷《そがのえみし》が再び、大臣です。『書記下』は蝦夷について次のように伝えます。

蘇我臣蝦夷を以《も》て大臣《おおおみ》とすること、故《もと》の如《ごと》し。大臣の児《こ》（人を侮《あなど》り軽んじて言う言葉）入鹿《いるか》（海獣のイルカ）、更《また》の名は鞍作《くらつくり》。自ら国の政《まつりごと》を執《と》りて、威《いきおい》父《かぞ》より勝れる。是《これ》に由《よ》りて、

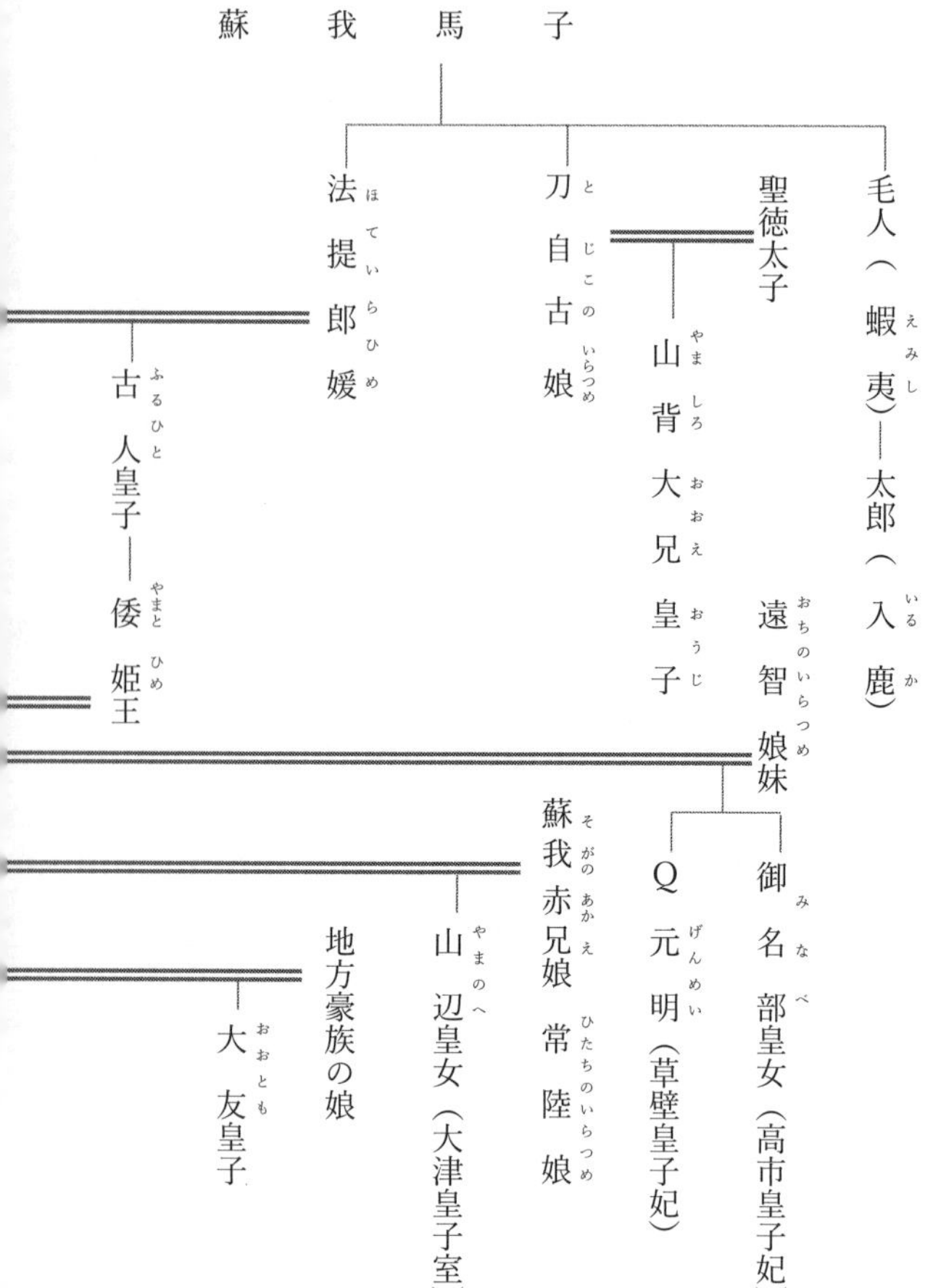

六世紀末から七世紀末まで、蘇我氏等と天皇家姻戚関係図
『書記下』『続紀』を参考に作成
※名前の上のＩＪＫ等は王位継承順

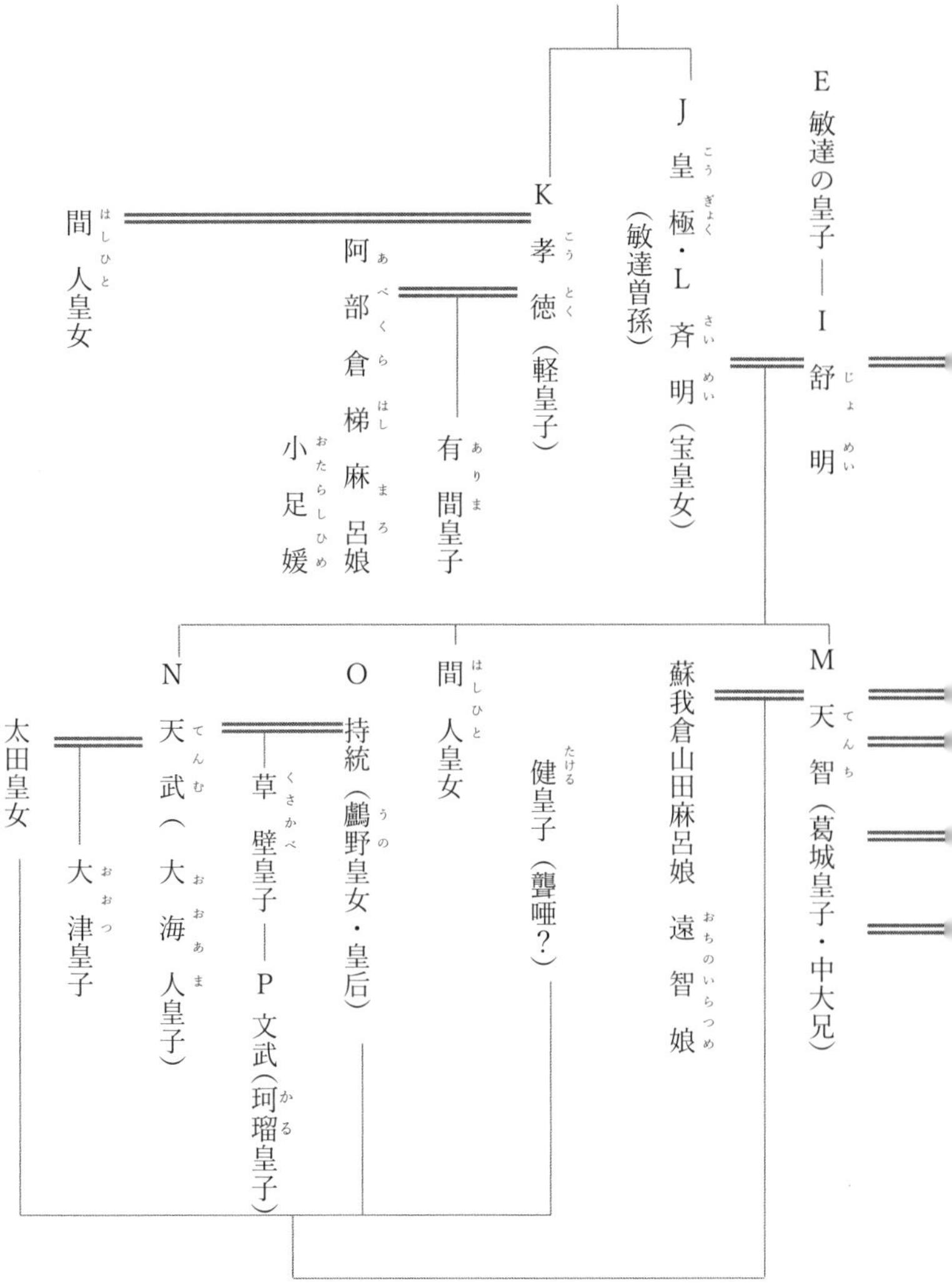
E
敏達の皇子―I
舒明《じょめい》
J
皇極《こうぎょく》・L
斉明《さいめい》（宝皇女）
（敏達曽孫）
K
孝徳《こうとく》（軽皇子）
間人《はしひと》皇女
阿部倉梯麻呂《あべくらはしまろ》娘
有間《ありま》皇子
小足媛《おたらしひめ》
M
天智《てんち》（葛城皇子・中大兄）
蘇我倉山田麻呂娘
遠智娘《おちのいらつめ》
健《たける》皇子（聾唖？）
間人《はしひと》皇女
O
持統（鸕野《うの》皇女・皇后）
草壁《くさかべ》皇子―P
文武（珂瑠《かる》皇子）
N
天武《てんむ》（大海人《おおあま》皇子）
大津《おおつ》皇子
太田皇女

盗賊《ぬすびと》恐れおじけずき、路に遺《おちもの》拾《と》らず。

「日本書紀」は蘇我氏をほろぼした中大兄《なかのおおえ》や中臣氏《なかとみ》（藤原氏）の立場から、蘇我氏を一方的に悪く書いており、教科書もそれによって書いているのが多いから、よほど注意して読まなければならない。〔『日本の歴史1』（129頁）〕

皇極元（642）年九月《ながづき》三日の詔《みことのり》（命令）です。

「朕《われ》、大寺《おおでら》をおこし造らん（百済大寺の造営）と思欲《おも》う。近江《おうみ》と越《こし》の丁《よほろ》を発《おこ》せ（動員・徴発せよ）」と命令します。復《また》、諸国《くにぐに》に課《おお》せ（負担させ）て船舶《ふね》を造らせたといいます。

十九日に天皇は「この月に始めて十二月《しわす》より以来《このかた》を限り（九月から十二月までに）、宮室《おおみや》（飛鳥板葺宮）を営《つく》ろうと欲《おも》う。国国《くにぐに》に殿屋材《とのき》（宮殿などを造るための木材）を取らせなさい。東は遠江《とおとうみ》を限《かぎ》り、西は安芸《あぎ》（濁音、注一一）を限って、宮《みや》を造《つく》る丁《よほろ》を徴発しなさい」と詔したといいます。

蘇我蝦夷について、『書記下』は次のように続けます。

是歳《このとし》（皇極元年）蘇我大臣蝦夷、自分の祖《おやのまつりや》廟（先祖をまつる廟《びょう》）を葛城《かづらき》（奈良県の森脇・宮戸あたり、『書紀下』注）の高宮《たかみや》に立てて、八佾《やつら》の舞《まい》を行った。


八佾の舞は次のように説明されています。

祖廟《そびょう》も八佾の舞も中国風の習俗。八佾は八列の意。八佾の舞は六十四人の方形の群舞で、これを行うのは、天子の特権とされ、論語、八佾に、卿《きょう》（天子直属の臣・長官）大夫《たいふ》（卿の下）の李子（という人）がこれを行ったことを責《せ》めている。〔『書紀下』（注）〕

蝦夷について、さらに続けます。

遂《つい》に（蝦夷は）歌を作って言う。「大和《やまと》の忍《おし》の広瀬（広い浅瀬）を渡らむと足結《あよい》手作《たづく》り腰作《こしづく》ろうも」


歌の意味は次のように説明されます。

〔歌謡一〇六〕蘇我氏の本拠である、大和葛城《かづらき》の忍海《おしみ》の蘇我川の広瀬を渡ろうと、足の紐《ひも》を結び、腰帯をしめ、身づくろいすることだ。〔『書記下』（注）〕

記述は蝦夷・入鹿の滅亡に及びます。

又尽《またふつく》に（ことごとく）国挙《こぞ》る民《おおみたから》（大王の役丁徴発『古代豪族と武士の誕生』(5)、73頁）併《あわ》せて百八十《ももあまりやその》（数の多いことを表す）部曲《かきのたみ》（豪族私有民）を徴発して、預《あらかじ》め双墓《ならびのはか》を今来《いまき》（御所市東南、古瀬・水泥と吉野郡大淀町今木の堺、『書紀下』注）に造《つく》る。（中略）更に悉《ことごとく》に上宮《かみつみや》（聖徳太子の尊号）の乳部《みぶ》（皇子に養育料として授けられた部）の民《たみ》を集めて、墓所《はかどころ》作りに使った。是《ここ》に（この時）、上宮大娘姫王《かみつみやのいらつめのみこ》（聖徳太子の娘）、怒って嘆き（怒りを声に出し）て言った。「蘇我臣、専《たくめ》（もっぱら）、国の政《まつりごと》を擅《ほしきまま》にして、多《さわ》に行《いや》（行い）無礼す。天に二つの日無く、国に二つの王は無し。何に由りてか意《こころ》の任《まま》にことごとくに、封《よさ》せる民（上宮王家所有の民）を使う」と恨みを結び（固め）、遂に（将来）倶《とも》に（二人とも）滅ぼされた。〔『書紀下』〕

舒明十一（６３９）年七月と皇極元（６４２）年九月の王だけが行える民の徴発を、蝦夷・入鹿が行ったというのです。詔《みことのり》に、「民《おおみたから》」や「丁《よほろ》」と記された人々がいて、労役を負担したことが伺えます。

六世紀から七世紀末までに創立された寺は五十寺前後と推定されています。

タミ（民）は、恐らく田とオミという言葉との複合である。（中略）オミはもと、神にたいする現世の人を意味する言葉で、人《ひと》の意を持つ言葉である。従って、タオミとは田人の意で、つまり、田の人、農民を意味する言葉であった。「丁《よほろ》」は恐らく課丁《かてい》すなわち賦課《ふか》（税負担）の対象となる男子。〔『書記下』（補注16・七）〕

「占い文」と一致

七世紀の日本は「万葉の寒冷期」といわれ〔『気候変化と人間』⑹〕、こうした頃、飛鳥文化が花開いたといいます。

推古七（５９９）年四月におきた大和大地震の後、皇極元（６４２）年までに蘇我蝦夷・入鹿父子が最も華やかに盛況した様子が、『書紀下』から伺えます。

「高家衆ご盛況」は蘇我蝦夷・入鹿ら蘇我氏盛況を指すと考えられ、占い文に一致します。占いは当たっています。

第Ⅱ章　古代日本が律令国家を形づくり始めたころ

天武七年十二月の筑紫大地震と「大風・病気」

古代で最大といわれる皇位継承をめぐる壬申《じんしん》の乱（672年）をかいくぐった天武《てんむ》天皇は、まず軍事を整備し、政治は身内だけで行ったといいます。

天武七（678）年十二月、筑紫国《つくしのくに》で大地震が起きたと、『書紀下』は伝えます。

筑紫国、大きに地動《ないふ》る。土地の地裂《つちさ》くる（断裂）こと、巾《はば》二丈《じょう》（一丈は約三M）・長さ三千丈あまり、百姓《おおみたから》の舎屋《やかず》（いえ）は村ごとに多くが倒壊（後略）。

この大地震について、次の説明があります。

久留米市の近辺には唯一の活断層が分布している。市から東へまっすぐにのびる水縄《みのう》山地の北縁を限る水縄断層系である。この活断層の活動によって水縄山地が少しずつ隆起《りゅうき》し、逆に北側の地域が沈降《ちんこう》して現在の筑後《ちくご》平野となった。（中略）この地域で記録に残る大きな地震が、六七八年のものだけであることや、周辺で七世紀後半の地震跡が多く見出されていることより、水縄断層系が引き起こした大地震が、『日本書紀』に取り上げられたことは確実である。〔『揺れる大地』(7)（219・220頁）〕

天武九（680）年の八月五日から三日間、雨が降り、大水になり、十四日は大風がふき、木が倒され・建物被害があったといいます。

同年十一月十二日に、皇后が病気になると、天武は皇后の病気平癒《へいゆ》のため薬師《やくし》寺建立《じこんりゅう》を発願《ほつがん》（願を立てる）します。同月二十六日天武も病気になったと記されています。

天武十三（684）年十月、八色《やくさ》の姓《かばね》が制定されます。十月一日の詔《みことのり》です。

諸氏《もろもろのうじ》の族姓《かばね》を改《あらた》めて、八色の姓を作る。（中略）一つに曰く、真人《まひと》。二つに曰く、朝臣《あそみ》。三つに曰く、宿祢《すくね》。四つに曰く、忌寸《いきみ》。五つに曰く、道師《みちのし》。六つにいわく、臣《おみ》。七つに曰く、連《むらじ》。八つに曰く、稲置《いなき》。〔『書記下』（464頁）〕

この改正の成果は次のように考えられています。

八姓のうち、実際に賜《たまわ》ったのは（中略）上位四姓のみ、旧来の臣《おみ》・連《むらじ》・伴造《とものみやつこ》・国造《くにのみやつこ》という身分秩序《みぶんちつじょ》に対して、臣・連のなかから皇室と関係の深いものだけを抽出し、真人・朝臣・宿祢として上位におき、他を下位にとどめ、新しい身分秩序の形成をはかったもの。これによって皇親《こうしん》の社会的地位が確立さるとともに、官僚制《かんりょうせい》強化の動きと関連して、上級・下級官人層の家柄、中央貴族・地方豪族の差別がはっきりと標識《ひょうしき》化された。（改正の是《こ》の日十月一日、十三氏が、真人を賜ります）真人は本来貴人に対する尊称で、真人の字は新羅《しらぎ》の真骨に倣《なら》ったものか。継体《けいたい》以降の天皇の近親の後裔《こうえい》で、従来公姓を称した氏族に賜姓。〔『書記下』（注）〕

真人賜姓の直後に大地震がおきます。

十月の白鳳南海大地震と「おう様お患い・つわ者難儀」

天武十三（684）年十月十四日・夜八時から十時ころに、土佐国で大地震がおきたと、『書記下』は伝えます。

国挙《くにこぞ》りて男女叫び唱《よば》ひて、迷った。則《すなわ》ち、山崩《くず》れ、河が涌《わ》いた。諸　国《もろもろのくに》の郡《こうり》の官　舎《つかさやかず》・百姓の倉屋《くら》・寺塔神社《てらやしろ》の破壊の類《たぐ》いは数えきれない。人民・馬・牛・羊・豕《いのこ》（豚やイノシシの類）・狗《いぬ》・鶏が沢山死傷した。時に、道後温泉は没して、出なくなった。土佐国の田やはたけ五十余万頃《いそあまりよろずしろ》（頃は面積の単位、『書紀下』注によると五十万頃は令制の一千町歩なので、約千二百ヘクタール）が没して海となる。古老《ころう》は「このような地震は今まで無かった」と言う。この夕方、鳴る音が有り、鼓《つづみ》のようで東方に聞こえた。人がいうには「伊豆嶋《いずしま》の西北にある二面が自然に三百丈あまり増し一つの島（伊豆大島ではないか）になった。鼓のような音は、神がこの島を造る響《ひびき》です」。〔『書紀下』〕

これは南海《なんかい》地震に関する最古の記録で、高知平野の沈降と津波の襲来、道後温泉のわきだし停止という南海地震特有の現象が、短い文章の中に集約されている。〔『揺れる大地』（47頁）〕

同年十一月三日の土佐国の報告です。十月十四日の大地震を伝えています。

「大潮《おおしお》高く上がり（十月大地震の際の津波であろう）、海水漂蕩《ひょうとう》（流れが方向を変える）、これにより調《みつき》（絹・あしぎぬ・布あるいは食料品などの地方産物を人別に納めるもの・税）を運ぶ船が多く行方不明になった」といいました。〔『書紀下』〕

天武十四（６８５）年九月二十四日、天皇が病気になり、翌年の七月二十日朱鳥《あかみどり》元年と改元します。この改元は天皇の病気平癒《へいゆ》を祈ってのことと考えられています。

朱鳥元（６８６）年九月九日、天皇の病《やまい》は回復せず、（五十六才で）崩御しました。

九月二十四日、葬送の儀式が始まり、そのさなか十月二日、大津皇子《おおつのみこ》（父は天武・母は皇后の姉太田皇女《おおたひめみこ》）の謀反《むほん》が発覚《はっかく》したと『書記下』は伝えます。詳細が持統朝の初めに、次のように記されています。

冬十月《かんなづき》の二日、皇子大津《みこおおつ》、謀反《みかどかたぶ》けんとして発覚した。皇子大津を逮捕し、併せて皇子大津によりあざむかれた人々（人名は略）及び帳内《とねり》礪杵《ときの》道作《たち》等三十余人を捕えた。三日に、皇子大津を譯語田《おさた》（今の奈良県桜井市戒重か）の舎《いえ》で自死させた。時に二十四なり。妃皇女山辺《やまのへ》、髪を被《くだしみだ》して徒跣《そあし》（はだし）にして、奔《はし》り赴《ゆ》きて殉死した。見る者皆嘆いた。

二十九日、（持統の）詔です。

皇子《みこ》大津《おおつ》は謀反《みかどかたぶ》けようとした。欺《あざむ》かれた吏民《つかさひと》（役人）・帳内《とねり》（ⅱ）（ちょうない・舎人《とねり》）は已《や》む（止む）おえない。今《いま》、皇子《みこ》大津《おおつ》、已《すで》に滅《ほろ》びた。従者《ともびと》、当《まさ》に皇子大津に坐《かか》れらば（まきぞえにされたので）、皆赦《ゆる》せ。但し帳内《とねり》礪杵道作《ときのみちつくり》は伊豆に流せ。〔『書紀下』〕

大津皇子は天武天皇の皇子中、皇太子草壁皇子《くさかべのみこ》（天武皇子・母は持統）につぐ地位にあり、しかもすぐれた資質の持ち主であった。皇后（持統天皇）は自己の所生（実子）である草壁皇子の地位がおびやかされるのをおそれ、暗に皇子を孤立、徴発させ、謀反へ追い込んだものと考えられる。〔『書記下』（注）〕

持統《じとう》朝になります。持統は天智の次女です。持統の母は遠智娘《おちのいらつめ》といって、大化の右大臣、蘇我倉山田石川麻呂《くらやまだいしかわまろ》の娘です。持統は蘇我石川麻呂の孫ということになります。

持統三（６８９）年四月十三日、皇太子草壁《くさかべ》皇子が薨去します。

同年六月二十九日、諸司《つかさつかさ》（中央政府の諸官司か、）に、令《のりのふみ》（いわゆる浄御原令《きよみはらりょう》（ⅲ））一部二十二巻を分けたと記されています。

天武天皇の政治は、その死後、皇后から天皇になった持統天皇にうけつがれた。夫婦であるこの両天皇の代に律令制《りつりょうせい》国家とよばれる国家のしくみがうまれたことは、ほぼ確実であるように思われ、日本の古代国家にとって、きわめてたいせつな時期であった。天武天皇は、その在任のあいだ、大臣を一人もおかず、政治の権力は、もっぱら、天皇・皇后の夫婦と草壁皇子以下の皇子たちの手ににぎられていた。きびしい内乱をたたかいぬいた天皇は、まず、自分の一族によって、権力の頂点を独占したのである。天武天皇のときに、つくりあげられた国家のしくみは、つぎの持統天皇のとき、持統三（689）年に完成して、それぞれの役所に分けられた「浄御原令《きよみはらりょう》」という法律によって整えられ、「律令《りつりょう》（ⅳ）国家」とよぶのにふさわしい国家が誕生した。〔『日本の歴史1』（160頁）〕

持統八（694）年十二月の藤原遷都を経て、文武《もんむ》二（698）年から和銅《わどう》六（713）年まで、ほぼ毎年地域を変えて「疫《えき》」が記録（『続日本紀』『類聚国史』『日本紀略』）され、七月と八月は大風にみまわれています。

「占い文」と一致

「七・十・十二月大風（台風）・病気、この三つき地震があると、おう様お患い、つわ者に難儀かかり候」といいます。

天武七（678）年十二月の筑紫《つくし》大地震、天武十三（684）年十月の白鳳《はくほう》南海地震と続きました。

朱鳥元（686）年、天皇が没すると、直ちに天武《てんむ》天皇の皇子である大津《おおつ》皇子が排除されます。以後、文武《もんむ》二（698）年からは疫が毎年のように所を変え流行し、大風の被害も多かった様子が『続日本紀』などに記録されています。

『日本書紀』と『続日本紀』の記述に、占い文が良く一致します。

『書記』注によると、大海人《おおあま》は今、オホアマと読むが、この語は母音連続を含むので、奈良時代の人々には発音が困難だった、大海人をオホサマと発音したと推定されるといいます。

「大海人病気、兵（大津を守る人）に難儀が降りかかった」とも読みとれます。注の通りとすれば、言葉では、「オホアマ」が、「オホサマ」と語り伝えられ、書き留めたとき「おう様」になり、占い文の元になったと考えてもおかしくないです。口伝《くでん》の可能性を秘めています。

第Ⅲ章　律令国家が完成するころ

ここからは『続日本紀』を読み進めることになります。

文武元（697）年八月、持統《じとう》（文武の祖母）の譲りを受けて、天武の孫で、草壁皇子《くさかべのみこ》の第二子（珂瑠皇子《かるのみこ》）が即位して、文武《もんむ》天皇です。

文武四（700）年六月十七日、大宝令《たいほうりょう》の選定（書物などをつくり定める）が完了し（大宝律令成る）不比等《ふひと》など十九名の選定者に対する禄《ろく》（給与）が与えられます。

慶雲《けいうん》四（707）年四月十五日、藤原不比等（このとき大納言）は大宝律令《たいほうりつりょう》の制定に関わるなど、歴代の天皇にお仕え申しあげていることを賞して、（父鎌足の例にならい、また禄令の規定にのっとって）病床にあった文武は不比等に食封《じきふ》（封戸《ふご》に同じ、給与）五千戸を与えます。

不比等は三千戸を返上し、二千戸を賜《たまわ》り、伝世《でんせい》（藤原氏が代々伝える）としたと推定されています。〔『続一』（補注3・八五）〕

同年六月十五日、文武天皇が二十五才で崩御します。遺詔《いしょう》により葬送《そうそう》の儀《ぎ》がおこなわれます。

同年七月十七日文武の母が即位して元明《げんめい》です。翌年、改元して和銅《わどう》となります。和銅三（710）年正月、藤原不比等が右大臣の時です。同年三月十日、平城京《ならのみやこ》が造営され、都は平城に遷《うつ》ります。

和銅七（714）年六月二十五日、皇太子（首《おびと》皇子）が十四才で元服します。

715年九月、元明譲位（位をゆずる）により、氷高内親王《ひたかのひめみこ》（父は草壁・母は元明・文武の姉）が即位して、三十六才の元正《げんしょう》天皇（女帝）です。715年改元し（元日に遡《さかのぼ》り改元）、霊亀《れいき》となります。改元する少し前の五月、摂津《せっつ》・紀伊《き》・武蔵《むさし》・越前《こしのみちのくち》・志摩《しま》、五国の飢えが伝えられた日に、遠江《とうとおみ》国・三河国の大地震が記されています。

霊亀元年五月の遠江・三河大地震と「四・五・八月、高家衆ご盛況」

霊亀《れいき》元（715）年五月二十五日、遠江国（静岡県西部）で地震、翌日三河国（愛知県東部）で地震がおきたといいます。

『続日本紀』はつぎのように伝えます。

山崩《やまくず》れて麁《あら》（荒）玉河《たまかわ》（天竜川《てんりゅうがわ》の古本流で、現在の河道より西、馬込川が当時の河道であったらしい）

を塞ぐ。水、これが為に流れず。数十日をして潰《く》え（決壊、決壊が数十日、次々と起こりと理解しました）、これにより、敷智《ふち》（現在の静岡県浜松市、および浜名郡東部、）・長下《ながのしも》（敷智郡の東、静岡県浜松市東部から磐田市西部、天竜川の現下流付近）三郡の民家百七十余区が水没し、あわせて苗を損なった。

家一区とは、建造物としての家屋ではなく地・屋・倉からなる一つの生活単位を示すといわれます。古代の家族は世帯共同体というべき集団でくらしていたとみられています。

麁玉川が山崩れでふさがれたため、付近は洪水になったといいます。

翌日二十六日の三河国大地震では、「正倉《しょうそう》（国司の管理下にある稲・穀を納める倉、正倉は郡毎《ごと》に設置）四十七が壊われ、百姓の小さな家はところどころ陥没した」と記されていて、広域且つ甚大な被害だった様子です。史料に記された被害の広がりなどを考えると、紀伊半島の中央構造線活断層系がこの地震の元になった活断層として候補に挙げられるといわれます。

今ではこの地震と関わりが深いと推定されている地震が二十年後、ほぼ真西に移り、都の付近で発生します。

翌年の霊亀二（716）年、首皇子《おびとのみこ》（大宝元年生）は、同年齢の藤原光明子《こうみょうし》（不比等娘の安宿姫《あすかべ》）と十六才（西暦の下二桁が年齢になるので分かりやすいといわれます）で結婚します。安宿姫の母は県犬養《あがたいぬかいのたちばなみちよ》橘三千代です。

葛城王《かづらき》が三千代の死後、橘宿祢《たちばなのすくね》賜姓《しせい》を願ったときの上表文から三千代の姿を伺い知ることができるでしょうか。

葛城《かづらぎ》の親母《はは》・従一位県犬養橘宿祢《あがたいぬかいのたちばなすくね》は、上（ふるく）は、浄御原《きよみはら》の朝廷（天武・持統）をへて、下（最近）の、藤原の大宮（持統朝末期から和銅三年頃の平城遷都まで）におよぶまで身命の限りを尽くして天皇に仕え（後略）。〔『続二』（307頁）〕

興福寺縁起《えんぎ》によれば、尚侍《しょうじ》（ないしのかみ、天皇に常に侍《じ》す内侍司《ないしのつかさ》のトップ）であったそうです。

霊亀三年・養老元（717）年九月二十日、元正は当耆《たぎ》郡へ行幸《ぎょうこう》し、（現岐阜県養老町にある養老の滝と推定される）多度《たど》山の美泉《よきいずみ》を覧《み》た（遊覧した）といいます。

同年十一月、この美泉を大瑞《だいずい》（非常にめでたいこと）とし、神に感謝をこめ、霊亀三年を養老元年と改元します。

養老元（717）年十月に、不比等の第二子房前《ふささき》を朝政に参議《さんぎ》させます。このときの参議は、次のように説明されています。

参議が要職で在り激職であることは広く認められていたようである。大和朝廷では、大臣《おおおみ》や大連《おおむらじ》をいわば議長とし、有力豪族の一氏から一人ずつの大夫《だいぶ》が参加して開かれる大夫合議制があったようである。〔『続一』（補注2・一四一）〕

不比等はこのとき右大臣（708年に就任）なので（不比等の第二子・北家の祖）房前が朝政に参議することにより、藤原氏から議政官（大夫にあたる）を二名だすことになった。〔『続二』（注）〕

従来の慣習が破られた、と考えられています。

養老二（718）年三月三日、式部卿《しきぶきょう》（養老元年三月条）の長屋王《ながやのおおきみ》は大納言に就任します。九月、不比等長男の武智麻呂《むちまろ》が式部卿に就任します。『日本の歴史1』によると、式部省は文官の管理・勤務評定・昇進・朝廷儀礼の実施・国立「大学」の管理・試験・官人の俸禄の支給を所轄するそうです。『続二』注によれば「不比等の人事行政掌握の意図がうかがえる」といいます。

養老三（719）年七月、はじめて按察使《あんせつし》（v）を設置するという記事です。

これは、養老元年に入唐《にっとう》し翌年帰国した遣唐使が、唐制按察使に関する知識をもたらし、設置された。〔『続二』（補注8・三四）〕

同年十月、舎人《とねり》親王と新田部《にいたべ》親王に皇太子輔任《ぶにん》が命じられます。「輔《ぶ》」は「つきそい、力を添える、助ける」という意味を持つので、皇太子を補佐しなさいと命令されたのです。

このとき、一品《いっぽん》舎人親王（「品」は令に定められた親王・内親王の位階で、品位に叙せられない親王は「無品《むほん》」と称された）に内舎人《うとねり》（vi）二人・大舎人《おおとねり》（vii）四人・衛士《えじ》（viii）三十人と封《ふう》（戸）八百戸増し、合計すると二千戸。二品新田部親王に内舎人二人・大舎人四人・衛士二十人・封戸五百増、合計千五百戸が与えられます。

華やかな都から眼を地方に向けると、朝廷は国司《こくし》の上に按察使を置いてますます人民を強力に掌握し、律令行政は辺境にまで浸透していく。その結果でもあろうが、養老四年二月には九州で隼人《はやと》、九月には奥羽で蝦夷《えみし》が反乱する。朝廷は直ちに中納言大伴旅人《おおともたびと》や按察使多治比《たぢひ》

県守《あがたもり》を派遣し討伐させる。〔『続二』（「続日本紀への招待」）〕

養老四（720）年八月三日、右大臣正二位藤原不比等は疹疾《やまい》（発疹）により六十三才で薨去します。『続二』注によると「規定より優遇措置がとられ」ました。同年十月に太政大臣正一位が贈られます。

翌日の八月四日、人事がおこなわれ、舎人親王（父天武・母鎌足娘百重《いおえ》姫）が知太政官事《ちだいじょうかんじ》に就任します。新田部親王（舎人と同父同母）は知五衛《ちごえ》及び授刀《じゅとう》舎人事に就任します。

知太政官事が、皇親による太政官掌握を意図したのに対し、知五衛及び受刀舎人事は皇親による禁衛軍《きんえいぐん》の掌握を意図したのである。〔『続二』（補注8・六二）〕

翌年の養老五（721）年、不比等死去にともなう議政官人事《ぎせいかんじんじ》で、正月五日、長屋王は正三位から従二位に進み、大納言から右大臣に昇進します。従三位の三千代は正三位に昇ります。

このときの議政官は右大臣従二位《うだいじんじゅにい》長屋王、大納言《だいなごん》従三位多治比《たぢひ》真人池守《いけもり》、中納言《ちゅうなごん》従三位巨勢《こせ》祖父《おおじ》（邑治《おおじ》、『続一』補注2・一八）・中納言従三位大伴旅人《おおともたびと》・中納言従三位藤原武智麻呂《むちまろ》、参議に従三位藤原房前《ふささき》がいることになります。〔『続二』（注）〕

同年十月二十四日、病を患っていた元明太上《だいじょう》天皇（譲位した天皇の称号だが、その地位は天皇に等しい。略して上皇）は、房前に「内臣《うちつおみ》として（太政官機構とは別に）内廷の臣として、勅《ちょく》に准《なぞら》えて（房前の命令は天皇の勅に準じる扱いとし）、（娘の元正）天皇の近くで仕え執政するよう」命じます。十二月、六十一才の元明崩御です。〔『続二』（１０５頁）〕

養老六（７２２）年閏四月（旧暦は月と太陽の運行を折衷した暦となっていたため、およそ一九年に七度の閏月を設け、季節を調整した）、太政官（長屋王《ながやのおおきみ》ら）の奏上《そうじょう》（意見を上に申す）の一部です。

農を勧《すす》め、穀《こく》を積みて、水旱《すいかん》（水害・日照り）に備え、よって所司《しょし》（国郡司）に委《まか》せて、人夫を差し発し（農民を徴用し）、肥沃《ひよく》な地良田《りょうでん》一百万町歩（当時の国民の食料二年分）を開き墾《は》り（耕す）、その役（使役）を限ること十日（中略）もし、国郡司《くにぐんのつかさ》（ix）詐《いつわ》って、ぐずぐずして、あえて開墾しないことが有れば、みな直ちに解任《げにん》せよ。〔『続二』（１１７頁）〕

四項からなるこの太政官奏《だじょうかんそう》は一括して裁可され、太政官符（文書）として施行《しこう》されたといいます。

同年五月二十日、右大臣長屋王に稲十万束（籾にすると一万石）と籾四百石が与えられます。高官への賜与としては例のない巨額といいます。

養老七（723）年四月、三世一身《さんぜいっしん》の法を（格《きゃく》として）発布します。この法は灌漑《かんがい》施設を新設して開墾した田は三世（代）、既設の灌漑施設を利用しての開墾は本人死亡まで、その田の占有・用益を認めた法令です。〔『続二』（補注9・三二）〕

神亀《じんき》元（724）年二月四日、元正《げんしょう》（文武の姉）譲位により、二十四才の首皇子《おびとのみこ》（父は文武、母は不比等娘の藤原宮子）が即位し聖武《しょうむ》天皇です。即位に伴い正月にさかのぼり改元し、神亀元年になります。

この日、一品舎人親王に封五百戸が与えられ、合計で、二千五百戸です。新田部《にいたべ》親王は二品《にほん》から一品に進みます。長屋王は左大臣に就任し政権のトップになります。不比等の四人の息子たちのうち、武智麻呂と房前は従三位から正三位に上ります。

同月六日、勅して「正一位藤原夫人《ふじわらのぶにん》（聖武の母・宮子）を尊んで、大夫人《だいぶにん》と称《もう》す」（ことにする）と聖武天皇が布告します。〔『続二』（145頁）〕

この件について翌月、長屋王ら〔『続二』補注9・六六〕は「公式令《くうじきりょう》（公文書）を検《かん》えるに（書式規定によれば天皇の母の称号として皇太后・皇太妃・皇太夫人があり、藤原宮子は皇族ではないので該当するのは）皇太夫人です」と奏上します。

すると、聖武は「文字では皇太夫人（公式令に定める）と書き、語《こと》（口葉）には大御祖《おおみおや》（オホミオヤ）と発言するよう」命令します。

（いったん出されたらくつがえすことができないといわれる）天子の命令（二月六日布告）が（三月二十二日に）取り消された。（中略）オホミオヤは天皇家の女性尊長を意味する。すなわちこれによって、聖武の生母宮子はスメミオヤ（皇祖母）に準じるものとして位置づけられたわけである。聖武と背後の藤原氏は一方で妥協しながらも、他方では実を取ったといえようか。

〔『続二』（補注9・六六）〕

神亀四（727）年九月二十九日、聖武に皇子が生れます。十一月二日、生後五十日にみたない皇子を皇太子とします。

同月二十一日従三位藤原夫人（皇子の生母藤原朝臣光明子）に食封《じきふ》一千戸が与えられます。光明子は養老二年、年十八才のとき、阿部《あへ》内親王を生んでいます。〔『続二』（補注10・八）〕

翌（728）年九月十三日、皇太子は一年を待たず薨去します。

天平元（729）年、『続紀二』はたいへんな事件を伝えています。

七世紀末から八世紀中頃まで、天皇家と藤原氏の姻戚関係図
『日本書紀』『続日本紀』を参考に作成
※名前の上のアイウ等は皇位継承順

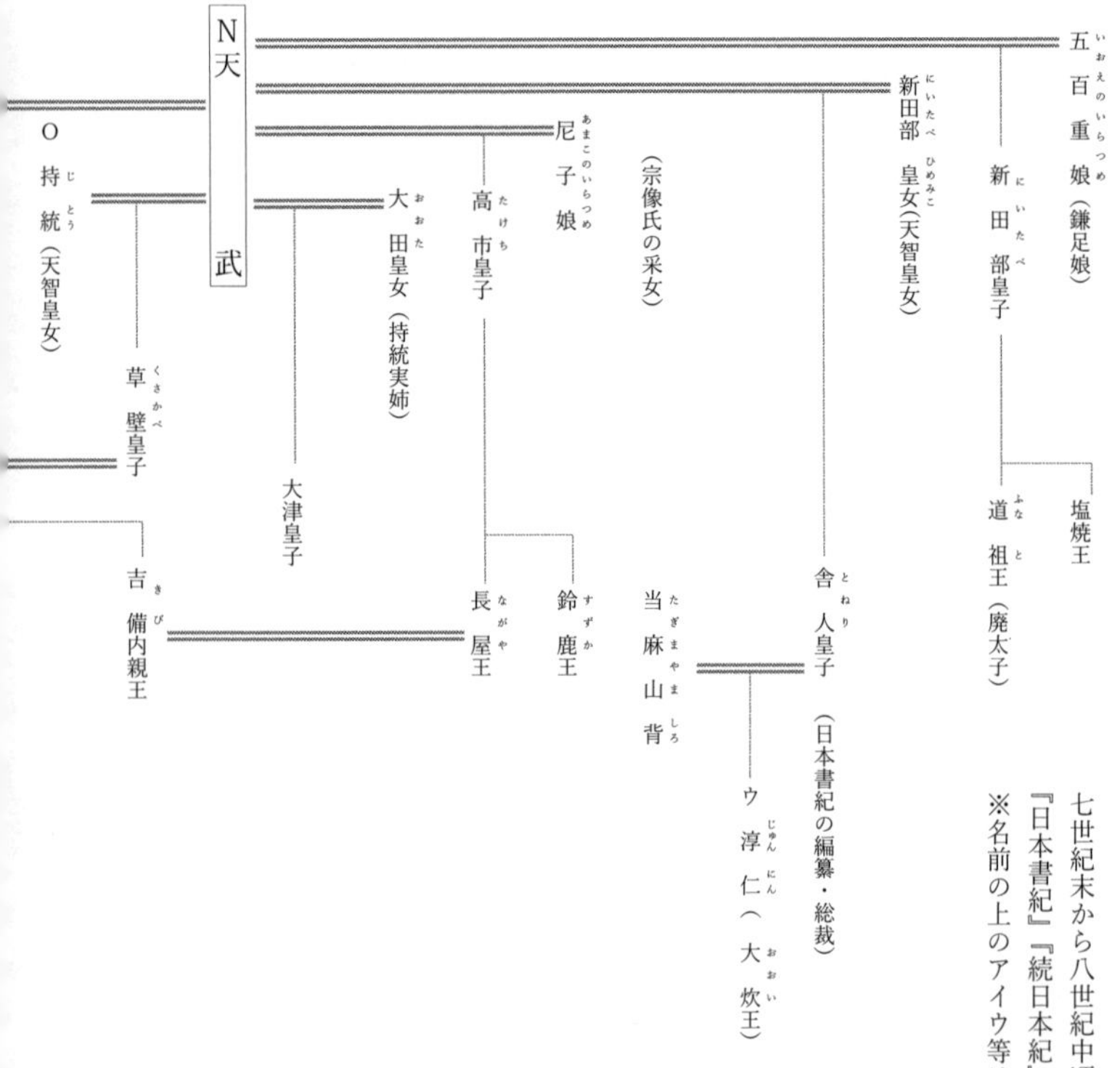

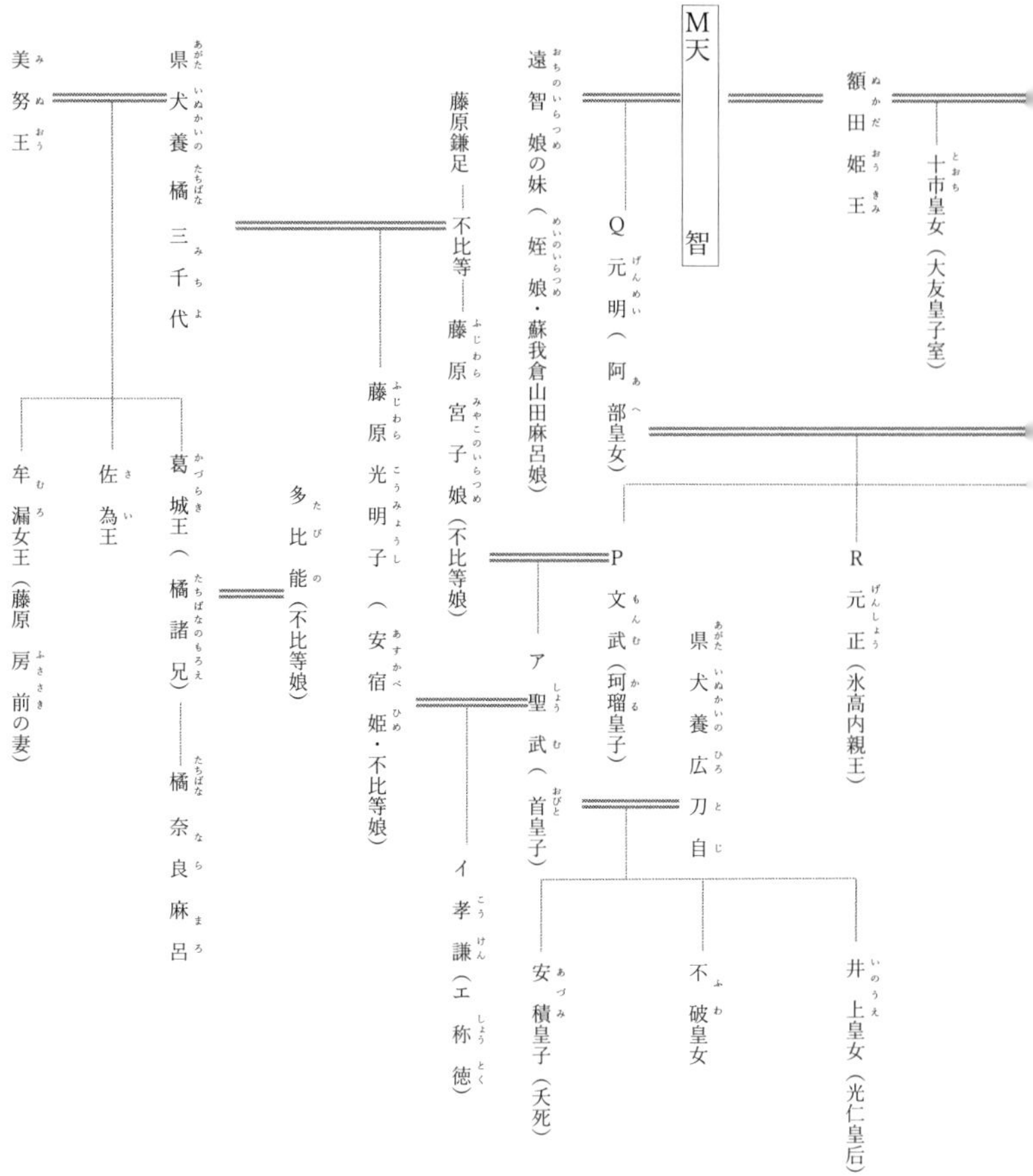
十市皇女《とおち》（大友皇子室）
額田姫王《ぬかだおおきみ》
M天智
Q元明《げんめい》（阿部皇女《あへ》）
遠智娘《おちのいらつめ》の妹（姪娘《めいのいらつめ》・蘇我倉山田麻呂娘）
藤原鎌足
不比等
藤原宮子娘《ふじわらみやこのいらつめ》（不比等娘）
県犬養橘三千代《あがたいぬかいのたちばなみちよ》
美努王《みぬおう》
R元正《げんしょう》（氷高内親王）
P文武《もんむ》（珂瑠皇子《かる》）
県犬養広刀自《あがたいぬかいのひろとじ》
ア聖武《しょうむ》（首皇子《おびと》）
藤原光明子《ふじわらこうみょうし》（安宿姫《あすかべひめ》・不比等娘）
多比能《たびの》（不比等娘）
葛城王《かづらき》（橘諸兄《たちばなのもろえ》）
橘奈良麻呂《たちばなならまろ》
佐為王《さい》
牟漏女王《むろ》（藤原房前《ふささき》の妻）
井上皇女《いのうえ》（光仁皇后）
不破皇女《ふわ》
安積皇子《あづみ》（夭死）
イ孝謙《こうけん》（エ称徳《しょうとく》）

二月十日、左京の人従七位下漆部《ぬりべ》造君足《きみたり》、無位中臣宮処連《なかとみのみやこ》東人《あずまひと》ら密《ひそかこと》を告げて称《もう》さん。左大臣正二位長屋王は左道《さどう》（邪道）を学んで国家を傾けようとしている。〔『続二』（205頁）〕密告を記しています。

その夜（十日夜）、三関固守《さんかんこしゅ》（壬申の乱の時の固関。固関とは関が封鎖されること）がなされ、六衛府《りくえふ》の兵《いくさ》が派遣され、長屋王邸は包囲されます。この時の三関固守は壬申の乱の轍を踏まないという目的を持っていたと考えられています。長屋王を東国に逃亡させないということです。〔『続二』（補注8・九四）〕

十一日、舎人親王・新田部親王ら六名が糾問《きゅうもん》（取り調べ）のため派遣されます。

十二日、長屋王は吉備《きび》所生（実子）の皇子四人・室（妻）の吉備内親王（父は草壁皇子）らと自死させられます。一方、不比等娘が生んだ男女は助命されたといいます。密告が、長屋王を陥《おとしいれ》るためにしくまれたものであるということは、続日本紀が編纂《へんさん》されたころには周知の事柄であったといわれます。

天平《てんぴょう》元（729）年八月五日、神亀《じんき》を改元して天平元年とします。同月十日、「夫人《ぶにん》藤原光明子を立てて皇后とする」と聖武天皇の詔です。

光明子の立后と長屋王家の排除について次のような推測があります。

皇太子が夭死したその年に、聖武のいま一人の夫人県犬養広刀自《あがたいぬかいひろとじ》所生の安積《あづみ》親王が誕生したことである。県犬養氏は後宮に隠然とした勢力をもつ氏族である。とすればいずれは安積親王の立太子の議が日程にのぼるであろう。それはすなわち、天皇の外戚としての地位を保持するという藤原氏の意図が潰《つい》えることでもある。そのような不利な事態が生じることに先手を打つため、六世紀末以来の大后・「皇后」の地位と権能に着目して画策されたのが、光明立后であった。（中略）だがこの計画の最大の障害は、皇后は内親王でなければならないとする令の原則であった。そのために、強く反対することが予測される左大臣長屋王を抹殺する必要があったのであり、また立后の宣命においてもくだくだしい弁明をしなければならなかったのである。〔『続二』（補注10・五三）〕

次は『続紀二』の記事です。

二十四日、五位と諸司の長官を内裏に召し入れました。而《しか》して（そうして）、知太政官事一品舎人親王が、（天皇の）詔《みことのり》を宣《の》りて曰《のたま》はく。

舎人親王より「立后の宣命」がつたえられます。文章の意図するところを捉えるのは難しく、要旨は『続二』注から次のようです。

召された諸臣（五位以上といいます）は内裏《だいり》正殿（のちの紫宸殿）の前庭に整列し宣命《せんみょう》（天皇のことば）を聞きます。

宣命の第一段は、「藤原夫人を皇后と定めること」と、「即位後六年を経るまで皇后を定めなかった理由」をのべています。

第二段は「藤原夫人については、元明が六年間試み使ってきたが失敗がなかったので、これを皇后とする」と述べ、さらに「臣下の女《むすめ》を皇后とした先例はある、と付け加え」ていて、全体として弁明に満ちた宣命といわれます。

同年九月二十八日、小野《おの》朝臣牛養《うしかい》を皇后宮大夫《こうごうぐうたいぶ》とする記事です。皇后宮大夫は皇后光明子付きの官司《かんし》（役所）として新たに置かれた皇后宮職《しき》の長官〔『続二』（補注10・五六）〕です。聖武の行った仏教政策を領導《りょうどう》（おさめみちびく）したのは、皇后であったようで、東大寺の創建・国分二寺の建立などは皇后の勧めによるものであったと、崩伝は記しています。〔『続二』（353頁）〕

天平三（731）年八月五日、一品舎人親王が勅をつぎのように宣します。

執事の卿《まえつきみたち》等、或《ある》（公卿）は薨《こう》し逝《ゆ》き（大納言多治比真人池守が天平二年九月薨、大納言大伴旅人が天平三年七月薨）、或は老い病みて、務《つとめ》を理《おさめ》むるに堪《た》えず。各《おのおの》知る所の務を済《な》すに堪《た》ふべき者《ひと》を挙《こ》すべし（推挙すべし）。〔『続二』（247頁）〕

このころ、病気や老化などにより、公卿が藤原武智麻呂と藤原房前《ふささき》だけになっていた〔『続二』（注）〕。なので、同月七日の主典《さかん》已上《いじょう》三百九十六名の推挙により、十一日、新たに参議が任命されます。

皇族では長屋《ながや》王弟の鈴鹿《すずか》王（天武孫）、五年後には臣籍に下って橘諸兄《たちばなもろえ》と改名する葛城《かずらき》王の二人。諸氏では長屋王事件の直後からすでに権参議となっていた多治比県守《あがたもり》と、大伴道足《みちたり》、そして新たに藤原宇合《うまかい》と麻呂《まろ》（不比等の第四子）である。何という人事であろう。（中略）人事の決定権はやはり天皇にある。〔『続二』（「続日本紀への招待」）〕

こうして、藤原氏から四人の議政官を出すことになりました。

なぜそれが可能になったのかについては、不比等がその四人の子をそれぞれ南・北・式・京の四家に分かち、藤原氏という氏族の代表でなく、藤原氏南家《なんけ》・藤原氏北家《ほっけ》などの一員として政局に参加させようとしたからであろう。（中略）爾来《じらい》、一氏族一員という氏族制下の合議体制は崩れはじめ、家を単位に政治に参画できるようになったのである。〔『藤原摂関家の誕生』⑽〕

天平五（733）年正月、内命婦《ないみょうぶ》（命婦に同じ）正三位県犬養《あがたいぬかい》三千代（光明皇后母）が六十九才で薨去します。

同年十二月に三千代に従一位が授与されます。このときの詔で、「食封《じきふ》と資人《しにん》を収《おさ》めることなからしむ」とあります。令の規定通りとすれば、内命婦正三位の位封《いふ》は六十戸、位分資人は三十人といいます。少なくとも、これは橘姓を継いだ葛城王と佐為王が相続したと考えられています。

「占い文」と一致

霊亀元（715）年五月、遠江・三河大地震のあと、複雑に形成された不比等の一族集団が天平三（731）年には政治権力の中枢を占める様子が『続紀』によって伺えます。

不比等一族を高家衆と捉えると、「四・五・八」の占い文にとても良く一致します。

天平五（733）年四月、遣唐使の四船が難波津《なにわづ》（現大阪市中央区心斎橋筋二丁目―西心斎橋二丁目付近や中央区高麗橋付近、（補注11・四〇））から進み立（出帆《しゅっぱん》）ったといいます。

当時、人々の暮らしはどうでしょうか。『続紀二』によると、天平五年正月、橘三千代の薨去した月、讃岐《さぬき》・淡路《あわじ》等の国、百姓飢餓《うえ》、同年二月紀伊《き》国旱《ひでり》、同月大倭《やまと》・河内《かわち》、百姓飢餓と記されています。

同年三月、遠江《とおとうみ》・淡路の飢餓、閏《うるう》三月紀伊・淡路・阿波《あわ》などの国の甚《はなは》だしい旱、諸王の飢えた者・二百十三人を内裏《だいり》の殿舎かと思われる場所に召し入れ、各々に米と塩を給与したといいます。

同年十二月、「この年、左右京と諸国で、飢え疫《やみ》する者多《ひと》い」と記されています。また、この年の旱害および飢饉のことは、天平七年八月十二日の天皇の勅等に見えます。

疫病はこの後、天平七年・九年に大流行し、多くの死者を出します。

藤原四家（不比等の後）

- （南家《なんけ》）武智麻呂《むちまろ》
  - 豊成《とよなり》
    - 継縄《つぐただ》 ＝ 尚侍《ないしのかみ》百済王明信《めいしん》
      - 乙叡《たかとし》
  - 仲麻呂《なかまろ》（恵美押勝《えみのおしかつ》）
    - 訓儒麻呂《くすまろ》（久須麻呂）
    - 執棹《さをとり》（真先《まさき》）
    - 辛加知《からかち》
    - 薩雄《さつお》（刷雄）
    - 朝狩《あさかり》
  - 乙麻呂《おとまろ》
    - 是公《これきみ》
  - 巨勢麻呂《こせまろ》
- （北家《ほっけ》）房前《ふささき》
  - 永手《ながて》
  - 真楯《またて》
    - 内麻呂《うちまろ》
      - 冬嗣《ふゆつぐ》
        - 良房《よしふさ》
  - 清河《きよかわ》

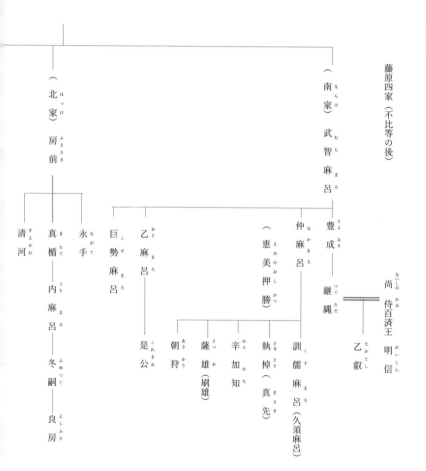

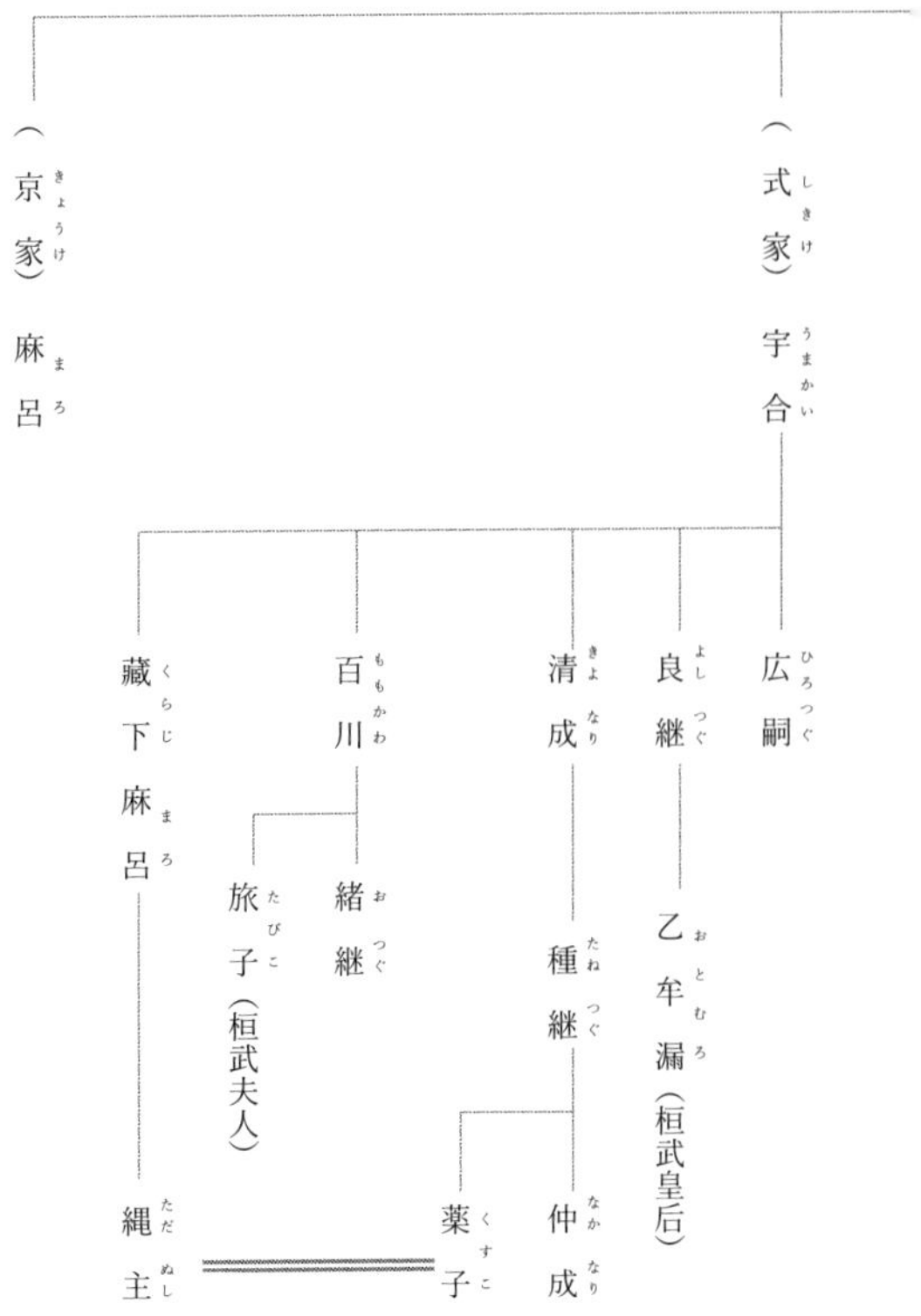

『続日本紀』『日本後紀』『続日本後紀』を参考に作成

第Ⅳ章　天平七年・九年の天然痘大流行と藤原氏衰退

天平六年四月、畿内・七道の大地震と「高家衆ご盛況」

天平六（734）年の大地震は、『続紀二』により次のように伝えられます。

天平六（734）年四月七日、地大《ないおお》きに震《ふ》りて（大地震は）百姓のそまつな小屋を壊し、圧死者が多い。山が崩れ、川はふさがり、土地の断裂は数えきれない。

この大地震に対し、朝廷は同月十二日、使いを畿内・七道の諸国に派遣し、震災（被害）を被った神社を調査させます。

『続二』注によると、「この時の地震と関連する太政官符・地震状が、四月十六日付で伯耆国から出雲国に発送されている」といいます。

同月十七日の天皇の詔です。

今月七日の地震は常と異なるので、恐らく山陵《みささぎ》を動かしただろう。土師宿祢《はじ》（山陵造営に当たる氏族）一人を添えて、諸王・真人を派遣し、墓八（ケ）処（不明）と功績のあった王の墓を調査しなさい。（中略）地震の災いは、恐らく政事《まつりごと》に欠けていることがあるためだろう。

〔『続二』（277・279頁）〕

そうして、天皇は「もろもろの官司が職分につとめ仕事に励むよう求め、今後改め励まなかったら、その有り様に従い必ず官位を下し退ける」とおっしゃったといいます。また、同月二十一日、京と畿内に役人を派遣して、「その苦しみを問わしむ」と、民情調査させます。

五月二十八日に次のような太政官奏がだされます。百姓の負担軽減を計ったものと伺えます。

左右京の百姓は夏（四・五・六月）の徭銭《ようせん》（雑徭労役の代わりに銭を払う）の支払ができません。正丁《しょうちょう》（二十一才以上から六十才以下の男子）・次丁《しちょう》（六十一才から六十五才以下の男子と残疾の男子）は九月（秋）から納入させます。少丁《せうちょう》（七十才以上と二十才以下の男子）は負担無しとします。

『続二』注によれば、以前は正丁一二〇文・次丁は半分・少丁は四分の一の負担といいます。

太政官奏の続きです。

天平四年のひどい旱《ひでり》以来百姓は貧乏です。一年間、左右京・芳野（芳野監といった、大和の吉野にある離宮の所在地で一つの行政単位）・和泉（和泉監といった、和泉・河内あたりにあった特別行政区）・四畿内（帝都付近の地）の百姓に大税《おおちから》（正税）を無利子で貸し出すべきです。

大和国の十四郡の官稲と私稲の出挙は郡ごとにあります。（ので）愚かなる民は競って借ります。返済のときに、それぞれに対応する準備ができていません。返済のための資財（財物）は無く、遂に田宅で償うことになります。

よって、毎年あらためて利率をかけると、出挙の利息分が元本を上回ります。元本を上回る利息を取ることを禁止します。父の借金の事情を知らぬ妻子からそれを徴収すること、子の借金の事情を知らない父母からそれを徴収してはなりません。〔『続二』（279・281頁）〕

官稲私稲の出挙によって百姓を苦しめるのを禁止する奏（上に申し上げる）は可とされたといいます。

天平七（735）年三月、大宝・養老に続く天平の遣唐使は、玄宗《げんそう》皇帝に厚遇されていた留学生吉備《きびの》（下道《しもつみち》）真備《まきび》・学問僧玄昉《げんぼう》を伴って、天平七年三月に帰京します。〔『続二』（「続日本紀への招待」）〕

『続紀二』は天平七（735）年、天然痘の大流行を伝えます。五月二十三日の勅（凶作・疫病による大赦《たいしゃ》・賑給《しんごう》の勅）に「このころ災異《さいい》しきりにおこりて咎徴《きょうちょう》（いましめのしるし）なお、あらわる」とあります。下旬には凶作・疫病が憂慮《ゆうりょ》すべき事態になっている様子が伺えます。

同日（五月二十三日）また、「宮中《きゅうちゅう》と、大安《だいあん》（官大寺の筆頭寺院）と薬師《やくし》・元興《がんこう》・興福《こうふく》（の三寺は四大寺）の四寺において、大般若経を転読《てんどく》（経題や経の初・中・終の数行の略読）させなさい、災害（疫病を指すか）を消除し、国家を安寧《あんねい》にするためです」と天皇が命じます。

さらに、八月十二日山陽道以東への波及を防ぐ目的で（『続二』注）、長門以東の諸国に道饗祭《みちあえのまつり》（災をもたらす鬼魅《きみ》や妖怪が入らぬよう防ぐ神事）を行わせるよう命じます。この時は臨時の祭で、疫神祭と同趣旨の祭といわれます。

同月二十三日大宰府の報告に「疫瘡大《えきそうおお》きに発《おこ》り」と記されていて、大宰府で流行している病気の名称が記録に初めて見える（『続二』注）、といいます。

天平七（735）年閏十一月は「穀物はすこぶる稔らず、夏より冬に至るまで、天下《あめのした》、豌豆瘡《わんとうそう》（現在の天然痘）俗に裳瘡《もがさ》という、若くして死ぬる者が多い」と記されています。

『続紀二』を読み進めます。

橘諸兄は、天平八（736）年十一月十一日に朝廷に願い出て、許され、葛城王から母の橘姓をもらい、臣下の身分になります。

母は橘犬養三千代、父は美努王《みの》といい、同父同母のきょうだいに牟漏女王《むろ》（藤原房前《ふささき》妻）と佐為《さい》王がいます。光明皇后と諸兄は異父同母のきょうだいになります。〔『続二』（補注7・二四）〕

天平七年に大宰府管内に発生したと伺える天然痘はとうとう平城京に波及した様子で、天平九（737）年、四月に房前、七月に麻呂と武智麻呂、八月に宇合が薨去した記事です。藤原四家の兄弟が相次いで亡くなり、同年九月に橘諸兄が大納言に就任します。政治権力は諸兄に移ったと考えられています。

天平十（738）年正月、阿部内親王《あへのひめみこ》（二十一才、父は聖武・母は光明子）が皇太子（『続二』注によれば皇女の立太子は他に例がない）となります。

疫病《えきびょう》により多くの官人が病没したため、その欠員を埋めるための特別の任官《にんかん》及び叙位がおこなわれたといいます。諸兄は正三位《しょうさんみ》右大臣にすすみます。

同年十二月、藤原広嗣《ひろつぐ》が大宰少弐《だざいのしょうに》（次官）に左遷されます。

天平十二年、太宰少弐藤原広嗣は真備《まきび》や玄昉《げんぼう》を除くように諸兄に要求し、それが聞き入れられないと、反乱をおこしている（広嗣の乱といわれています）。〔『藤原摂関家の誕生』〕

（朝廷は天平十二年八月二十九日、）広嗣の上表文《じょうひょうぶん》を受け取ると直《ただち》に反乱と断定、参議になっていた大野東人《おおのあずまひと》を大将軍《だいしょうぐん》に任じ、ほぼ全国にわたって一万七〇〇〇の軍を動員し派遣する。（中略）二か月余りで、（式家《しきけ》藤原宇合《うまかい》の息子）広嗣を逮捕、処刑してしまう（同年十一月一日、肥前国松浦郡の郡家で、弟の綱手《つなて》とともに斬る）。政治に深入りせず、与えられた責務を誠実に、また果敢に遂行する官僚層が存在したからこそ、八世紀の朝廷は全国を支配しえたのであろう。〔『続紀』（「続日本紀への招待」）〕

天平十二（740）年十月二十六日、聖武は「われ思うところあるにより、この月の末しばらく関《せき》の東（鈴鹿《すずか》関・不破《ふわ》関以東）にゆかん、その時にあらずといえども。事を止めることはできない」と乱の最中の二十九日、伊勢国（東国）に行幸します。

同年十月二十九日、平城宮を出発、三十日伊賀国名張《なばり》郡着。十一月一日、ここを出発、二日伊勢国川口(関)の頓宮《かりみや》・関宮《せきのみや》で十日停《とどま》り、さらに美濃《みの》・近江《おうみ》・山背《やましろ》をめぐります。

右大臣橘諸兄の別荘のある山背の恭仁《くに》で十三年の正月を迎えた。以後五年間にわたって都(天皇の在所)は恭仁《くに》、紫香楽《しがらき》、難波《なにわ》と転々とし、天平十七年五月、ようやく平城宮に還ることになる。〔『続二』(「続日本紀への招待」)〕

『続二』注によると、天平十三年正月、恭仁宮で元日朝賀《ちょうが》の儀式が行われます。十一日は諸社に奉幣《ほうへい》し、新京に遷《うつ》ったことを報告します。

(同月十五日)身内から首謀者(藤原広嗣)を出した藤原一族は恐縮して、不比等が遺した五〇〇〇戸の封戸《ふこ》(食封)の返上を申しでたが、聖武はそのうち三〇〇〇戸だけを受け取り、全国の国分寺に本尊として一丈六尺の釈迦如来像《しゃかにょらい》を造立《ぞうりゅう》する費用に充てることとした。〔『続二』(「続日本紀への招待」)〕

天平十五(743)年五月、諸兄は従一位(皇族以外で生前に従一位になった最初の例)に進み、さらに左大臣に就任します。従三位藤原豊成《とよなり》（南家《なんけ》武智麻呂《むちまろ》長男）と従三位巨勢奈弖麻呂《こせなでまろ》が中納言です。従四位上藤原仲麻呂《なかまろ》（豊成弟）と従四位下の紀《き》朝臣麻路《まろ》が参議に就きます。南家藤原氏から議政官二人です。〔『続二』（注）〕

同年十月、東大寺大仏建立の宣言・大仏発願の詔が発せられます。

「占い文」と一致

『続紀二』によれば、天平六（７３４）年四月に畿内・七道の諸国で大地震があったと記されています。今では、次のように考えられています。

被害の広がりなどを考えると、紀伊半島の中央構造線活断層系がこの地震の元になった活断層として候補に挙げられる。

この活断層系は和泉山脈の南縁から、金剛山地の東縁にかけて延々とのびるもので、一九九五年に、橿原考古学研究所の今尾文昭さんが、北縁に位置する当麻《たいま》町太田遺跡で液状化と断層跡を検出している。古墳時代前期の地層を引き裂き、中世の土器を含む地層に削られているので、この地震に伴う痕跡の可能性がある。〔『揺れる大地』（２２６頁）〕

当麻町は、今は葛城市に合併されています。震源が都の近くの大地震だったようです。大地震後、天平十五（745）年に橘諸兄は従一位を与えられ、左大臣に就任し政権の中心に至ります。これは「高家衆ご盛況」の占い文に一致します。

『気候変化と人間』によって、当時の気象状況に目を向けてみます。

尾瀬の花粉分析から坂口豊《さかぐちゆたか》（一九八四）は、紀元七三二年から一二九六年までを「奈良・平安・鎌倉温暖期」としている。（中略）干ばつの割合が八世紀に圧倒的に多い。気温の高い時代ということを考えると、梅雨前線が、より北まで達して、太平洋高気圧におおわれることが多かったのではないかと思う。〔『気候変化と人間』（209頁）〕

華やかに唐の文化が開花するもとで、農作物の不作、天然痘などの疫病と飢餓に苦しむ人々の姿が伺えます。

天平十七（745）年四月前半は紫香楽宮《しがらきのみや》の周辺で、たびたび山火事が発生します。「山火事は放火で、人々の不満・反対の意志が表明されたもの」といわれています。〔『続三』（注）〕

こうしたころ行基《ぎょうき》は活躍していたと記されています。天平十七（745）年正月、未完成の紫香楽宮で叙位です。南家《なんけ》藤原仲麻呂《なかまろ》が二階級特進で正四位上に進みます。

同年一月二十一日、行基が大僧正《だいそうじょう》に任命されます。

これまで、朝廷は、僧尼令《そうにれい》に違反する宗教活動を禁じる命令（養老元年四月十四日の詔）を出し、行基の活動を妨げ、「小僧《こぞう》行基あわせて弟子ども（中略）、百姓を妖惑《ようわく》（あやしくまどわす）す」と行基を厳しく非難していました。ところが、天平三（731）年八月は「行基法師」と呼称を変え、天平九（737）年八月は「僧正」に変更し、遂に天平十七年は大僧正に任命しました。

朝廷の態度の変更は次のように説明されます。

天平十五（743）年十月に盧舎那仏《るしゃなぶつ》建立《こんりゅう》の寺地《じち》が開かれた際、（中略）大仏建立事業に参加するため、行基は弟子を率いて庶衆《しょしゅう》を勧誘した。（中略）行基は引き続き協力していたのであろう。（中略）行基のこのような姿勢に聖武《しょうむ》が応えたものと思われる。（中略）僧正玄昉《そうじょうげんぼう》に対する批判の意味も込められていたであろう。〔『続三』（補注16・四）〕

第Ⅴ章　東大寺の完成と藤原仲麻呂の隆盛

天平十七年四月の美濃・摂津大地震と「高家衆ご盛況」

天平十七（745）年四月二十七日の大地震を『続紀三』は次のように伝えます。

よもすがら地震、三日三夜なり。美濃国の櫓《やぐら》（武器倉で不破《ふわ》の関《せき》などに設置された櫓か）、館《たち》（国司・郡司や関・駅などの舘か）、正倉《しょうそう》（国司の管轄《かんかつ》下にある稲・穀《もみ》を納める倉）、仏寺《ぶつじ》の堂塔《どうとう》、百姓の小さな家が崩壊した。

「同年五月十日地震が続く中、恭仁京《くにきょう》の市人《いちひと》平城《なら》に徒《うつ》る、昼夜争って行く」といい、この地震は五月も続き、あちこち、地面の断裂から水が湧《わ》き出したと記されています。

地震の最中、聖武は恭仁を経由し、五月十四日平城宮に還都（宮門に大楯をたてて、正式に平城遷都を意思表明）し、その後、難波《なにわ》へ行き、九月二十六日平城宮に戻ります。

同年十月五日、朝廷は、「諸国の出挙《すいこ》（x）の正税《しょうぜい》を論定《ことわりさだ》（xi）め」諸国で出挙する正税稲の国別（量）基準を定めます。さらに十一月、公解稲《くがいとう》（xii）の制度を設置します。

天平十八（746）年三月、正四位南家《なんけ》藤原仲麻呂《なかまろ》が式部卿《しきぶきょう》に就任します。卿《きょう》は省《しょう》の長官です。すでに養老二（718）年九月に不比等長男の南家藤原武智麻呂（仲麻呂の父）が就任したことがあります。

同年四月五日、参議式部卿正四位上藤原仲麻呂は兼東山道鎮撫使《とうさんどうちんぶし》に任命され、二十二日、従三位が授けられます。

天平二十（748）年三月、従三位藤原仲麻呂に正三位があたえられます。

同年四月元正太上天皇が六十九才で崩御します。

天平二十一（749）年二月二日、行基が死没します。

同年、二月二十二日に「陸奥国、始めて黄金を貢《たてまつる》」と記しています。

この頃の陸奥守は百済王《くだらのこにきし》敬福《きょうふく》です。天平十八年九月に陸奥守を命じられました。

敬福の前職は天平十八（746）年四月就任の上総守、その前は天平十五（743）年六月就任の陸奥守なので、天平十八年九月から、重ねての陸奥守となっています。

同年四月、黄金の献上を大いなるめでたいしるしとして改元し、天平感宝《かんぽう》元年です。

同月、左大臣橘諸兄は正一位に上り、大納言従二位南家藤原豊成《とよなり》が右大臣に就任します。

天平勝宝《しょうほう》元（749）年七月、聖武の譲位により皇太子の阿部内親王が即位し、孝謙《こうけん》天皇です。感宝元年を（正月に遡り）改め勝宝元年です（xiii）。

改元の月の叙位で、吉備《きび》朝臣真備《まきび》は従四位上にすすみます。任官で、正三位南家藤原仲麻呂《なかまろ》が大納言に、従四位上の橘宿祢奈良麻呂《たちばなすくねならまろ》と従四位下藤原朝臣清河《きよかわ》が参議に就任です。

同年八月、仲麻呂は紫微中台《しびちゅうたい》の長官に就任します。

（紫微中台は）聖武の皇后である藤原光明子のために設置された皇后宮職《こうごうぐうしき》の昇格した官司（役所）。（中略）この官司が太政官に次ぐ位置を占めるものであったことが窺われる。（中略）名称は唐の則天武后《そくてんぶこう》の中台、玄宗《げんそう》皇帝の紫微省に倣《なら》ったものといわれ、光明子及びその甥藤原仲麻呂の策によるもの。（中略）孝謙の後見者である光明子の信任の下、政治権力を一手に掌握しようとの彼の姿勢が窺える。〔『続三』（補注17・七二）〕

天平勝宝二（７５０）年正月十日、従四位上吉備真備が筑前守《つくしのみちのくち》に「左降《しなくだ》（左遷）」され、十六日正三位藤原朝臣中麿《なかまろ》は従二位にすすみます。

天平勝宝四（７５２）年閏三月九日、「副使以上（大使は藤原清河《きよかわ》・副使は大伴古麻呂《こまろ》、吉備真備の三人）を内裏に召して、詔《みことのり》と節刀《せっとう》を給《たま》う」と記しています。次のように説明されます。

　天皇の生殺与奪の大権を象徴する刀を大使に授ける。〔『続三』（注）〕

同年四月九日、（聖武・光明・孝謙らが）東大寺に行幸し、大仏開眼会《かいげんえ》が執り行われます。開眼会はまなこを入れて供養《くよう》し、宗教的生命を迎え入れる儀式といわれます。用いられた品々は現在も正倉院宝庫に多く保存されているといいます。〔『続三』（注、補注18・四四）〕

天平勝宝六（７５４）年正月十六日、入唐《にっとう》副使従四位上大伴宿祢古麻呂《おおとものすくねこまろ》（第二船）が、唐僧鑑《がん》真《じん》・法進《ほうしん》（鑑真の弟子）ら八人を随《したが》えて帰朝します。十七日、大宰府から、真備（第三船）が昨年の十二月七日に益久嶋《やくのしま》（現在の鹿児島県熊毛郡屋久町）に着いたという報告です。

同年正月三十日、第二船の大伴古麻呂《こまろ》の帰朝報告によれば、「唐朝廷で新羅《しらぎ》使と席次争いをした詳細」が報告されます。

同年三月十七日の大宰府報告によると、「第一船は帆を挙げて奄美嶋《あまみのしま》を指して去った、着くところを知らず」といいます。行方不明の船には阿倍仲麻呂が乗っていたといいます。

天平勝宝六年四月十八日の大宰府報告によると「第四船、薩摩半島の南端に停泊」とのことなので、第四船は無事に帰国したようです。

仲麻呂は、すでに、五十五歳をこえていた。天平勝宝五（753）年十一月、帰国の船は暴風雨にあい、4隻《せき》の船のうち、第1隻はいったんは沖縄本島までつきながら南に流されて、はるか安南の地（いまのベトナム）に漂着《ひょうちゃく》した。それには、遣唐大使藤原清河とともに、阿倍仲麻呂がのっていた。（中略）それから十七年ほど、仲麻呂は唐帝国に生活し、故国日本では宝亀元年にあたる770年にかの地で死んだ。〔『日本の歴史1』（210頁）〕

天平勝宝六（754）年七月、太皇太后が（藤原宮子・七十一才前後）崩御します。

翌年正月四日、孝謙は思うところあって、天平勝宝七年を天平勝宝七〝歳〟とします。

天平勝宝八歳（756）二月、左大臣橘諸兄が致仕《ちじ》（官職を辞すること、諸兄はこのとき七十三才）

します。

同年五月二日、聖武太上天皇五十六才が、内裏《だいり》の正殿（か？）で崩御です。遺言を残しました。

聖武の遺詔《いしょう》（遺言）の内容
1、道祖《ふなと》王《おおきみ》（天武孫・新田部親王の子）を皇太子にする。
2、ただし、事情によっては皇太子の変更もありうる。
3、その場合の人選及びその後の皇位継承の問題は孝謙の判断に一任する。
三点を、その内容とするものであったと推測される。〔『続三』（補注20・五）〕

天平勝宝八（756）歳五月二日、遺詔のとおり道祖王が皇太子になります。

757年八月、天平勝宝九歳を、天平宝字《ほうじ》元年とし、元日に遡り改元します。

天平宝字元（757）年の正月六日、橘諸兄が薨去します。この三日後、従二位大納言藤原仲麻呂は、皇族の石津王《いわつ》を養子とします。臣下が皇統を養子とすることは極めて異例といいます。

同年三月二十九日、孝謙により道祖王《ふなとのおおきみ》は、廃太子《はいたいし》されます。

同年四月四日の天皇詔の一部です。「臣（あなたは）ひととなり拙《つたな》く愚かにして重きを承《う》くるに堪《た》えず」と記されています。

群臣を集め相談した結果、最終的に大炊王《おおいおおきみ》（仲麻呂の亡き息子の嫁の夫になっていた）を皇太子にします。皇太子は舎人親王の第七子で二十五才といいます。

同年五月二十日、仲麻呂は紫微内相《しびないしょう》に就任します。これについて次のように説明されます。

紫微中台の長官の地位を大臣相当に引き上げるとともに、その権限を拡大し、内外の兵事をすべて統括する権限を付与したもの。（中略）反仲麻呂派の不穏な動き（橘奈良麻呂《たちばなならまろ》は内親王《ないしんのう》の立太子《りったいし》を認めず、皇位継承者不在の立場をとったことがある）に対処するため、仲麻呂自らが軍事権を完全掌握する必要を感じて創設した官なのであろう。〔『続三』（補注20・一四）〕

不穏な動きに対し、天平宝字元（757）年六月九日、『続紀三』注によると戒厳令《かいげんれい》ともいうべき「勅《ちょく》五条」を定めます。同年六月十六日の任官で、諸兄の子、橘奈良麻呂は兵部卿《ひょうぶきょう》（右弁官《うべんかん》兵部省の長）から右大弁《うだいべん》に就任です。右大弁は、太政官の下の軍事関係を掌握する官職といいます。

天平宝字元（757）年七月ころの官界の上層部では、豊成《とよなり》・仲麻呂《なかまろ》・永手《ながて》以下の藤原氏は、すべて光明子の兄弟の子や姉妹の子にあたるといいます。橘奈良麻呂も母方の甥です。

（同年七月二日）この日の夕べ、中衛府舎人《ちゅうえふとねり》従八位上の上道《かみつみち》臣斐太都《ひだつ》が内相《ないしょう》（仲麻呂）に告げて云《いわ》く（後略）。〔『続紀三』〕

奈良麻呂《ならまろ》の謀反《むほん》が密告されたのです。仲麻呂《なかまろ》はこの密告を受けて奈良麻呂の逮捕を開始します〔『続紀三』（注）〕。この結末は次のようです。

二十数名プラス若干名が計画の中心メンバーということになろう。この三十名前後の人々がそれぞれ動員できる手兵に、雇《やと》い兵である秦《はた》一族を加えたものが奈良麻呂側の兵力で、（中略）実際に配流《はいる》されたことが判明するのはわずか五名で、六名は拷問の末の獄死（黄文《きぶみ》王・道《ふな》祖《と》王・大伴古麻呂《おおともこまろ》・多治比《たぢひの》仔牛養《こうしかい》・小野東人《おののあずまひと》・賀茂角足《かものつのたり》らみな杖下に死す）、残りの七名は首謀者奈良麻呂を含め不明である。（中略）奈良麻呂以下の生死不明の中心メンバーの多くは獄死だった可能性が強い。そして、与党及びその縁坐《えんざ》で流罪《るざい》に処せられたものの総数は、傭《やと》い兵秦氏一族を含め、四百四十三人にのぼった。（中略）また事情を知らずに、奈良麻呂の計画に協力させられた人々は出羽国《でわこく》の雄勝《おかち》の柵戸《さくと》に配（流）された。〔『続三』（補注20・二一）〕

天平宝字二（758）年八月一日、孝謙《こうけん》が譲位し大炊《おおい》王（天武孫）が即位し淳仁《じゅんにん》天皇です。

同月二十五日、紫微内相《しびないしょう》藤原朝臣仲麻呂は官号《かんごう》を唐名に改めたので、太保《たいほう》（右大臣）となります。朝廷は仲麻呂の功績を讃えて姓に恵美《えみ》の二字を加え、名を押勝《おしかつ》と改め、さらに、封戸《ふうと》三千戸（別格《べっかく》の措置《そち》）と巧田《くうでん》百町が永く伝世《でんせい》の賜《たまいもの》として与えられます。

「さらに鋳銭《じゅせん》・挙稲《きょとう》（出挙の権利）と恵美の家印《かいん》を用いることを許すと天皇がおっしゃった」と『続紀三』は伝えます。

鋳銭《じゅせん》は貨幣鋳造《ちゅうぞう》発行の権利で、私人の貨幣鋳造権は和銅《わどう》初年以来、私鋳銭《しちゅうせん》として厳禁されている。〔『続三』（注）〕

律令の規定では、本来の出挙《すいこ》は国とともに私人が行うことを認めているが、天平九年九月以後、私稲を出挙することは禁止され、（稲の）出挙は国家固有の権限となっている。〔『続三』（注）〕

「恵美家印」の使用許可は、単なる私印ではなく公印に準じる使用許可。〔『続三』（補注21・一八）〕

以上の三つの事を行う権利を押勝に与えているのは、天皇（国家）の権限の一部を押勝に付与したことを意味する。〔『続三』（注）〕

天平宝字三（７５９）年十一月十六日、保良宮《ほらのみや》（近江国におかれた宮都）の造営が開始されます。

同月三十日、押勝に帯刀資人《たちはきのしにん》を二十人増し、前と合算して四十人です。

天平宝字四（７６０）年正月四日、太保従二位藤原恵美朝臣押勝に従一位が授与され、さらに、太保押勝は太師《たいし》（太政大臣）に任命されます。

同年三月二十六日、上野《かみつけ》国の飢えと十五ヶ国の疫、四月は志摩《しま》国の疫の記録が続きます。

五月は、疫病流行のため、七道巡察使と国司に人民の視察と、賑給《しんごう》（めぐみあたえる）が命令されます。

同年六月、六十六才で光明皇太后が崩御します。

天平宝字五（７６１）年十月「都を保良《ほら》に遷《うつ》すをもって」と朝廷から稲が贈られます。太師押勝に、最大の稲一百万束《そく》が与えられます。古代、稲一束がとれる水田の広さを一代《しろ》（五坪）としたそうです。このころの人夫の日当は稲一束と計上されている（『日本の歴史Ⅰ』（２０４頁））ので、一百万束は百万人分の日当に相当すると考えられます。

この年、孝謙が保良宮《ほらのみや》に行幸して以来、道鏡は時々看病に従事、孝謙に寵幸《ちょうこう》されたと記されています。

天平宝字六（７６２）年二月二日、押勝に正一位が授与《じゅよ》されます。

同年二月、朝廷は、押勝に近江国浅井《おうみこくあさい》・高嶋《たかしま》の二郡（現在の滋賀県高島郡の諸町村にほぼ一致する）の鉄穴《てっけつ》（鉄鉱石《てっこうせき》の採掘所《さいくつじょ》）各一ヶ所を与えたといいます。

「占い文」と一致

天平十七（745）年四月・五月の美濃・摂津大地震以後の南家藤原仲麻呂《なかまろ》の隆盛には驚くべきものがあります。天平十八（746）年三月、正四位上藤原仲麻呂は式部卿《しきぶきょう》に就任して以来、急速に官位と政治的地位を上り、資産も増大させます。天平宝字四（760）年正月に太師《たいし》（太政大臣）に就任、同六（762）年二月に、正一位に上ります。

恵美押勝への朝廷からの賜《たまいもの》は莫大になり、また天皇の権限の一部を持つなど前代未聞の隆盛が伺えます。「高家衆ご盛況」とよく一致しています。

第Ⅵ章　律令制のゆらぎと朝廷の分裂

天平宝字六年五月美濃・飛騨・信濃国大地震と「高家衆ご盛況」

天平宝字六（762）年五月四日、京師《みやこ》と畿内《きない》と伊勢《いせ》・近江《おうみ》・美濃《みの》・若狭《わかさ》・越前《こしのみちのくち》等の国が飢、使いを遣り賑給したと記されています。「飢餓《きが》や凶作《きょうさく》・災害等の記事が同六年に入ってから急速に増加する」〔『続三』（注）〕といいます。

同月九日、「美濃・飛騨・信濃等の国で大地震がおき、被災者に穀《もみ》を家ごとに二石与えた」と記されています。

同月二十三日、「孝謙太上天皇《こうけんだじょう》と淳仁天皇《じゅんにん》と隙有り《すきあ》（仲たがいする）」という『続紀三』の記事です。帝（淳仁）は中宮院《ちゅうぐういん》で過ごし、孝謙は平城宮の東隣の法華寺《ほっけじ》で過ごしていると記されています。

同月二十八日、押勝に帯刀資人《たちはきのしにん》六十人が加増され、合計百人です。

同年六月三日、孝謙は国家の政治権力を淳仁と二分する宣命を出したといいます。

天平宝字七（763）年五月、大和上鑑真《だいわじょうがんじん》が七十七才で死去します。来日は天平勝宝六（754）年でした。鑑真は中国の揚州《ようしゅう》の大雲寺という寺で戒を受けたといいます。大雲寺は、中国の則天武后《そくてんぶこう》の載初元（六九〇）年に、州ごとに置かれた寺院であり、わが国の国分寺の手本となったといわれます。

天平宝字七（763）年九月の勅です。

疫死《えきし》数多く、水旱《すいかん》（水害や日照り）時ならず（時節外れ）。神火しばしば発生し、いたずらに官物をそこなう。これは、国郡司等《ども》が土地の神をうやまわない咎《とがめ》なり。ひどい旱で水が無く苦しみをいたし、数日の長雨で流亡のなげきを抱く。これは国郡司等、灌漑《かんがい》施設整備を怠っている者が多いからである。（中略）良材（良い人材）を選んで速やかに、登用（官職を引き上げ用いる）すべし。〔『続三』（437頁）〕

同月、小僧都《しょうそうず》の慈訓《じきん》法師を突然解任し、道鏡《どうきょう》法師を小僧都に任命します。

道鏡はこの四月、宿曜《すくよう》秘法をつかい孝謙の病を治したと伝えられます。『広辞苑』によると「宿曜はインドに由来する天文暦学《てんもんれきがく》をいう。宿曜経を経典とし、星の運行を人の運命と結びつけて吉凶を占う。古く中国に伝わり、仏教に伴い日本に移入され、平安中期以降広くおこなわれた」とのことです。

ここからは『続紀四』によります。

天平宝字八（764）年正月、押勝息子のうち三人、藤原恵美朝臣薩雄《さつお》は右兵衛《うひょうえ》長官、同執棹《さとり》は美濃《みの》（三関国）守、辛加知《からかち》は越前《こしのみちのくち》（三関国）守に任命されます。

押勝略伝には、「押勝は独り権威をほしいままにして（中略）、時に、道鏡は常に宮廷に控え、はなはだ寵愛《ちょうあい》された。押勝はこれを憂い、心の内は安らかでなかった」と記されています。

同年九月二日、押勝は都督《ととく》四《し》畿《き》内三関《ないさんかん》近江《ちかつおうみ》丹波《たには》播磨《はりま》等国兵事使《とうのくにのひょうじし》に就任します。「押勝が都《と》督使《とくし》として、管掌《かんしょう》することになった諸国はいずれも軍事上の要衝《ようしょう》」〔『続四』（補注25・三二）〕といわれます。

押勝は乱を起こすにあたり、その吉凶を信頼していた陰陽師《おんみょうじ》の大津《おおつ》連大浦《おおうら》（のちに、巧により正七位上から従四位上に昇る）に相談した。ところが逆に押勝謀反は孝謙に密告された。〔『続

四』(補注25・四七)〕

天平宝字八年九月十一日の出来事です。

押勝の謀反は泄《も》れ、孝謙は少納言(鈴・印などの授受を掌《つかさど》る)正五位下山村王《やまむらおおきみ》に、淳仁のいる中宮院《ちゅうぐういん》から鈴と印を押収《おうしゅう》させます。押勝はこれを聞いて、息子従四位下訓儒麻呂《くすまろ》らに、取り戻させます。孝謙は、孝謙側の武力の中心の授刀少尉《たちはきしょうい》などを遣り、訓儒麻呂を弓で射殺させます。押勝は中衛将監《ちゅうえのしょうげん》を遣り反撃しましたが、孝謙側の授刀紀船守《たちはききのふなもり》に射殺されます。孝謙は山村王をやり、官印《かんいん》と鈴《すず》を孝謙のもとに押収させたといいます。

この時、孝謙の勅で、「太師《だいし》正一位藤原恵美押勝あわせて子孫は兵《いくさ》を起こしてさかしま(逆・謀反《むほん》)をなす」と言っています。

真備薨伝《まきびこうでん》によると(中略)、押勝の乱が十日もたたずに平定されたのは、真備の策に拠るところが大であったこと、その策として、押勝の逃走経路を予測し、兵を分けて追討させたこと、等を記す。〔『続四』(補注25・四五)〕

同十一日、孝謙は「官位を奪い、あわせて藤原の姓字《せいじ》を除くことはすでに終えた。その識分《しきぶん》・

功封《くふう》等の雑物はことごとく没収せよ」と命令します。押勝の職分田は四十町・職封三〇〇〇戸・職分資人三百人で、巧封《くふう》は三〇〇〇戸と巧田一〇〇町も対象に含まれるといわれます。当然、位田八十町・位封三〇〇戸・位分資人一〇〇人も没収されたと推定されています。

この夜、押勝は近江へ逃走し、官軍が追討し、九月十八日斬首され、首は京師《みやこ》に送られたといいます。

それにしても、当時の最高権力者が起こした反乱がわずか一週間で平定されているのである。（中略）ともかく「天皇御璽」や「太政官印」などの印を押して偽文書でないことを証明する公文書が、駅鈴を携行した駅使により一日に一六〇キロメートルもの速度で、全国に生き生きとした情報を到達させる駅制という制度を持つ律令政府を相手として、反乱を成功させることはもはや不可能となった。〔『続四』（「続日本紀への招待」）〕

天平宝字八（764）年十月九日、淳仁《じゅんにん》は天皇を廃され、諸王に下（降）され、淡路国《あわじ》が与えられて、そこに配流されます。

淳仁と母（当麻山背《たぎまやましろ》）は宮殿の小子門《ちいさこべもん》から外に出され、鞍馬《くらうま》に乗せられ、藤原蔵下麻呂《くらじまろ》（宇合の子）が配所に送り、一院《いちいん》に幽閉されたといいます。

高野天皇《たかののすめらみこと》（孝謙上皇）が復位、重祚《ちょうそ》（再び天皇になる）します。称徳《しょうとく》天皇です。

翌年の正月、改元の勅により天平神護《てんぴょうじんご》元年になります。

同月七日、逆徒を討つにあずかれる諸氏の人等《ひとども》に位階が加えられ、三十八才の諱《いみな》（山部《やまのべ》親王、後の桓武）は無位から従五位下に上ります。

天平神護元（765）年正月の勅で「疫癘《えきれい》しきりにおこり連《れん》年稔《みの》らず」といいます。

同年十月十三日、天皇が「紀伊《き》国に行幸したもう」と記されています。


十月中旬、女帝は鹵簿《ろぼ》（儀仗《ぎじょう》を整えた行幸）の隊列を整えて大和《やまと》を南下し、紀ノ川沿いに和歌《わかの》浦《うら》の玉津島《たまつしま》へ行幸した。四十一年前、即位後まもない父の聖武が行幸して十余日も滞在した風光明媚《ふうこうめいび》な海辺である。〔『続四』（「続日本紀への招待」）〕

（ここに滞在中）「二十二日、淳仁が憤懣《ふんまん》やるかたなく垣をこえて逃げ（捕えられ）、あくる日に院中で死没」という『続四』の記事が目を引きます。

二十五日高野《たかの》天皇（称徳《しょうとく》）は帰途につきます。

帰途、紀伊から北上して和泉《いずみ》の西端の行宮《あんぐう》に着いた日（中略）、出発を一日延期して、当初から念頭にあった道鏡《どうきょう》の故郷河内の弓削《ゆげ》に向かった。〔『続四』（「続日本紀への招待」）〕

「三十日、弓削寺に行幸し仏を礼《おが》み、唐《もろこし》・高麗《こま》の楽を庭に奏《つかえまつ》る。刑部卿《ぎょうぶきょう》従三位百済王敬福らもまた、本国の舞を奏る」といいます。

この年、天平神護元（765）年、閏《うるう》十月一日称徳《しょうとく》は道鏡に太政大臣禅師《ぜんし》の位を授け、文武《ぶんぶ》の百官《ひゃくかん》（行幸に供奉《ぐぶ》した官人）に道鏡を拝賀《はいが》させます。「拝賀」は天皇に対する礼なので、道鏡が天皇に準じる扱いを受けていることを示すといわれます。

同年閏十月八日（平城宮の）留守の百官が道鏡を拝賀したといいます。

天平神護二（766）年一月八日、藤原永手《ながて》（北家藤原房前《ふささき》第二子）が右大臣に就任し、正二位を授けられ、北家藤原真盾《またて》が大納言に、参議の吉備真備《きびのまきび》は中納言、石上宅嗣《いそのかみのやかつぐ》は参議に任命されます。

同年十月二十三日の詔に「法王の月料《げつりょう》は供御《くご》（天皇に供する食料）に準じること」と命令が出されます。

翌年八月十六日、元日に遡り改元し、景雲を大瑞《だいずい》として神護景雲《じんごけいうん》元年です。

この年三月、道鏡のため、法王宮職《ほうおうくうしき》が設置されます。

道鏡の場合の「法王」は仏教界の教主《きょうしゅ》としての意味をもつが、（中略）同時にそれは、俗界の天皇もしくは皇族に準じる地位であったともいうことができる。〔『続四』（補注27・四一）〕

この時、永手は左大臣、七十二才の吉備真備は右大臣（七十七才まで）です。

真備《まきび》は、地方豪族出身者として異例の昇進（菅原道真と比べられる）をとげるが、そのきっかけは、藤原仲麻呂のライバルとなり、ついに仲麻呂を失脚させた僧道鏡が政権を掌握したためである。〔『藤原摂関家の誕生』〕

僧道鏡の政治には、意外なほど、悪僧による自分勝手な専制政治という性質は無く、しいていうと、郡司《ぐんじ》のような地方豪族の中央政界への盛んな進出に道をひらいたのが特徴といえるだろう。〔『日本の歴史1』（210頁）〕

「占い文」と一致

『続日本紀』の伝えるところでは、天平宝字六（７６２）年五月の美濃・飛騨・信濃国大地震のあと天平神護二（７６６）年に、道鏡は法王の位に上ります。天皇に準じる位についた道鏡と一門の中央政界進出を盛況と捉えているとすれば、「高家衆ご盛況」に一致します。

７７０年から８０５年の間は大地震の記録が見当たりません。この時期は光仁《こうにん》・桓武《かんむ》両天皇の時代に重なります。

第Ⅶ章　皇位が天武系から天智系に代わり藤原氏が復活

800年前後の六月・九月・十一月の地震と「金石米に成り候」

711年までは地震と豊作月《ほうさくづき》との関わりは無さそうです。和銅《わどう》五（712）年以降は大地震でなければ、関わりがありそうです。

『続紀一』によると、和銅五（712）年六月地震があり、「この年九月は大きに稔《みの》った」と記されています。

和同五年から七十年余たち、豊作記事が多くなります。

ここからは、『続紀五』によります。

天応《てんおう》元（781）年は地震が多く、十回を数え、六月二回・十一月二回です。翌年、改元した延暦《えんりゃく》元（782）年も地震は多く、数回です。

同年八月に、天皇詔は「年穀豊かに稔り、徴祥《ちょうしょう》（めでたいしるし）しきりにやってきた、（ので）天応二年を改め、延暦元年とする」と改元したのです。

延暦四（７８５）年、五月と九月地震があって、二年後の延暦六（７８７）年十月は、「天下の諸国、今年豊年なり」という記事です。


延暦《えんりゃく》十一（７９２）年から、参考図書が『日本後紀』⑿にかわります。『日本後紀』にそって読み進めていきます。

同書の前書《まえがき》によると「逸文《いつぶん》（日本後紀はバラバラになり保存された）巻については、六国史《りっこくし》の記事を簡略化した『日本紀略《にほんきりゃく》』や類聚《るいじゅう》（なかまあつめ）した『類聚国史《るいじゅうこくし》』ないし、他の典籍《てんせき》を調査することにより、逸文の拾集《しゅうしゅう》（ひろいあつめ）が図られ、復元が試みられている」といいます。

逸文の収蔵先（『日本紀略』など）が記されているので、注意して読み進めることにします。

弘仁《こうにん》元（８１０）年は六月に地震があったと記され、弘仁五（８１４）年九月に「明神《みょうじん》に奉幣した。豊年に報《むく》いるため」と記されています。

「明神」は「名神」から出た語と考えられ、「名神」という言葉は朝廷により神社の格付けがなされ、そのなかでも年代古く、由緒正しく、霊験・崇敬が顕著な神様といわれます。効力により検討が加えられたように伺えます。

「占い文」と一致

記録から、地震月と豊年を組み合わせると「六月九月十一月に地震があると豊作がやってきた」となり、つじつまが合います。

口伝というより、『続紀』、『日本後紀』などから豊年を軸に地震月を組み合わせ整理した結果と伺えます。

『気候変化と人間』によると、年代による気温の変化（花粉分析から）をみると、八世紀を少し過ぎて、急速な気温上昇がありピークを作り、九世紀に下降しているといいます。

なので、781年から814年ころ、豊作年が多かったのは確からしいです。地震占いに希望を添えています。

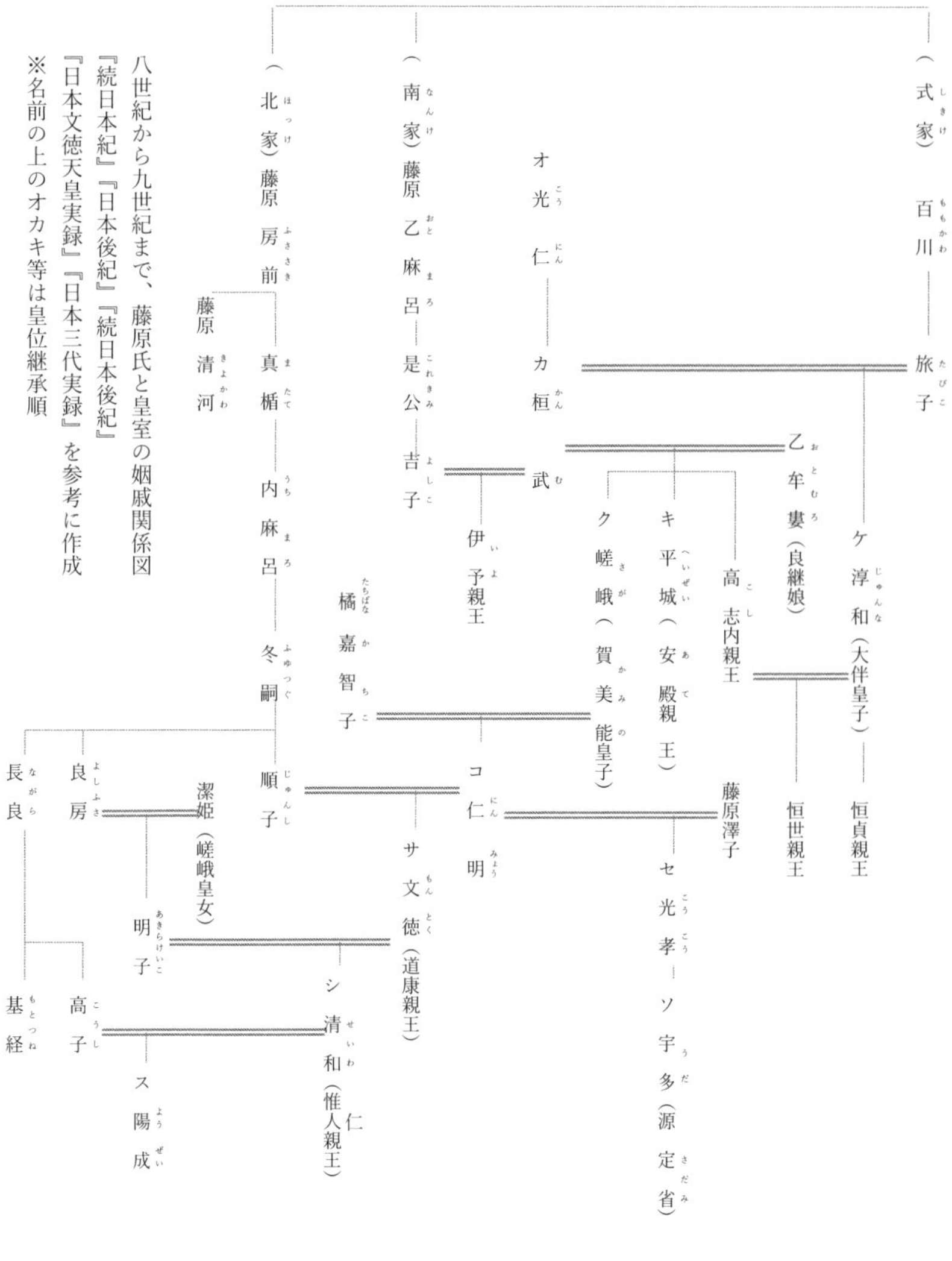

八世紀から九世紀まで、藤原氏と皇室の姻戚関係図
『続日本紀』『日本後紀』『続日本後紀』
『日本文徳天皇実録』『日本三代実録』を参考に作成
※名前の上のオカキ等は皇位継承順

第Ⅷ章　平安京遷都が進められていたころ

三度の七月の大地震と「大風・病気、おう様お患い、つわ者難儀」

大同元（８０６）年五月、安殿《あて》親王が即位して平城《へいぜい》天皇です。

同年八月、この月は霖雨《りんう》（長雨）止まず、洪水氾濫により、天下諸国が多くその被害にあい、九月下旬は水害・旱《ひでり》により米価が高騰したため、左右京と山崎津、難波津に使いを遣り、酒の甕《かめ》に封をしたといいます。「酒蔵禁止」の意味と考えられます。

同年十一月、百姓が疲弊したため、伊賀《いが》・紀伊《きい》・淡路《あわじ》の三国と筑前《ちくぜん》・肥前《ひぜん》・筑後《ちくご》・肥後《ひご》・豊前《ぶぜん》・豊後《ぶんご》・日向《ひゅうが》・大隅《おおすみ》・薩摩《さつま》・壱岐《いき》・備後《びんご》・安芸《あき》・周防《すおう》の減税をします。

大同二（８０７）年十月二十八日「蔭子《おんし》藤原宗成《むねなり》が中務卿三品伊予《いよ》親王（平城の異母弟）に勧め、潜《ひそ》かに謀反《むほん》を謀《はか》る」と大納言の藤原雄友《おとも》が聞き、右大臣の北家藤原内麻呂《うちまろ》に告げ、謀反が発覚したという伊予親王事件です。

十一月二日に伊予親王と母の夫人《ふにん》（身分を表す）藤原吉子《よしこ》は川原寺《かわらでら》へ移され、一室に幽閉され、飲食を絶たれ、同月十二日、親王母子は薬を仰いで死に、時の人は哀れんだと伝えられます。

十二月一日の大宰府言上《ごんじょう》に「疫病がもっとも甚《はなは》だしい」とあり、同月京中の疫病者に賑給《しんごう》したという記事です。

大同三（８０８）年正月、昨年に続き、京中疫病百姓に賑給し、医薬の使いを派遣し、京中の病人を治療、また京中の死体を埋葬したといいます。この時の天皇詔は「この頃は疫病が盛んで、死亡するものがすくなくない。願わくは、仏教の恵みの力で、ここに病苦を救う諸大寺および畿内・七道諸国において大般若経を読ませ、京中の病人に米と塩くき（塩辛納豆・浜納豆の類か）を与えよ」と命令します。二月、路傍にさらされている死体の収容と埋葬が命令されます。

さらに五月、平城天皇の詔に「大同元年に洪水が起き、その被害から復旧しないうちに先年来疫病が流行し、非業の死を遂《と》げる者が多い」とあります。下旬、丹生雨師神《にうのあましのかみ》に黒馬《くろうま》を、祈雨《あまごい》のために奉納したと記されています。止雨のためには白馬を奉納したと考えられています。〔『続一』（補注１・六九）〕

同年六月、陸奥出羽《むつでわ》按察使藤原朝臣緒嗣《おつぐ》の言上に、「当今天下疫に困り、亡没は殆ど半ば、（中略）民は貧窮、兵は疲れ」と記されています。

大同四（809）年四月一日、平城《へいぜい》天皇は譲位を宣言し、太上天皇になります。

同年四月十三日、皇太弟（桓武《かんむ》の第二子）が即位し、嵯峨《さが》天皇です。

同年七月十九日に大風、八月五日も大風が吹き、九月五日の暴風は屋《いえ》を倒し、太上《だいじょう》天皇の輿《こし》を押し潰《つぶ》したといいます。

同年九月、諸国の脚夫《きゃくふ》は旱《ひでり》と疫病で体力が無いため、京で使うのを禁止します。

同年十一月五日、太上天皇の宮の敷地の占定（決める作業）が行われ、「十二日に平城宮造」という『日本後紀』の記事です。「薬子の変」といわれる事件との関わりを伺わせます。

飢（凶作）の報告が続きます。

弘仁《こうにん》元（810）年一月七日は左京、同月二十八日美作《みまさか》国です。

二月八日河内《かわち》国、同月十六日因幡《いなば》・土佐両国、同月十九日伯耆《ほうき》・讃岐《さぬき》両国です。三月三日大和《やまと》・摂津《せっつ》・備後《びんご》の三国、同月八日三河国です。五月八日播磨《はりま》国、同月十七日淡路《あわじ》国、六月十九日丹波・播磨両国、二十日遠江《とおとうみ》・美作《みまさか》両国です。朝廷は飢の地域に使いを派遣して賑給《しんごう》し、二十日、長雨が続くため使を大和国吉野郡丹生川上雨師神にやり奉幣したといいます。

同年六月二十八日に、（退位した）太上天皇（平城）の詔が出されたり、九月六日は「太上天皇の命により、平城旧都へ遷都を擬《ぎ》す（しようとする）」といいます。

弘仁元年（嵯峨天皇）九月十日、「遷都のことで民心が動揺する（ので）、三関固守《さんかんこしゅ》」が行われます。

当日式家《しきけ》藤原仲成（薬子の兄）は右兵衛府《うひょうえふ》に拘留《こうりゅう》され、翌日夜、射殺（弓）され、十二日、平城宮の諸司や宿衛の兵士に守られながら脱出を図った太上天皇は（奈良市北之庄町あたりで）保護され、本人は僧体となり、薬子は服毒自殺したといわれます。

弘仁《こうにん》二（811）年五月、（嵯峨《さが》）天皇の勅によれば「大同三・四年は諸国で旱《ひでり》の害があった。今のところ官の倉庫の米は十分余裕があるので、未納は米では無く、各土地の軽い絹や布で納めさせるように」と命令し、また「天下の諸国は、さきごろ疾疫に遭い、旱は続いている」といいます。

同年九月、大風が吹いて京中の建物が破れたという『日本後紀』の記事です。

弘仁三（812）年「六月四日、京の飢民に賑給、十六日は京中で米価高騰、官米を放出し低価格で貧民に売却、二十六日雨期なのに十日も雨が降らない」と記されています。

同年七月一日の勅で「疾病と日照りが続いているため、天下の名神《みょうじん》に速やかな奉幣《ほうへい》」を命じます。翌日天皇自身も、疫病と日照りからの救済を願い、大極殿で伊勢大神宮に奉幣したといいます。

『日本疾病史』⒃においても、大同二（807）年から弘仁三（812）年ころまで集中した、饑・疫病流行が示されています。

弘仁六年は長雨の被害です。

弘仁七（８１６）年八月十六日、夜大風が吹き羅城門《らじょうもん》が倒れ、京中・諸国も被害を受けたといいます。

弘仁九（８１８）年三月、つぎのような公卿の奏上です。「毎年、水害・旱害が続き、農業被害は少なくない。臣下の俸禄を削減し朝廷経費に組み入れ、穀物が豊年となったら旧に戻す」というものです。これは許可されたと記されています。

こうした時に大地震がおきます。

一回目、関東北部大地震

弘仁九（８１８）年七月、相模《さがみ》・武蔵《むさし》・下総《しもうさ》・常陸《ひたち》・上野《かみつけ》・下野《しもつけ》などの国で地震がおきたと『日本後紀』に記されています。

「山が崩れ、谷が埋まること数里、圧死した百姓は数えきれない」といいます。

（この）関東北部一帯を揺るがす大地震について（現在）埼玉県北部では、埼玉県埋蔵文化財調査事業団の発掘調査で液状化の痕跡《こんせき》が多く顔を出した。堀口萬吉さん（埼玉大学）は、深谷バイパス遺跡などで、液状化跡《えきじょうかあと》の生じた年代を検討し、八一八年の地震に対応する可能性が高いことを指摘している。〔『揺れる大地』（228頁）〕

弘仁九（818）年八月十九日の天皇詔に「上野国《かみつけ》などの地域では地震による災害で、洪水が次々おこり、人も物も失われている」とあります。

同年九月十日の天皇詔は次のような命令です。

（占いによると）地震は天の咎《とがめ》を告げる。昔、天平年《てんぴょうねん》（天平七・九年の天然痘流行か）にこのような変《へん》（災害）があり、疫病により、国内が衰弊《すいへい》したことがあった。（中略）（そこで）天下の諸国に指示し、（中略）金光明寺《こんこうみょうじ》（国分寺）で五日間金剛般若波羅蜜経《こんごうはんにゃはらみつきょう》の転読《てんどく》。〔『日本後紀下』（62頁）〕

翌日、伊勢大神宮《いせだいじんぐう》に奉幣《ほうへい》し、「疫病を除いてください」と祈ったと記されています。災害からの救済を仏教の力と神の力に頼っていたことが伺えます。

弘仁十（819）年二月二十日、公卿が「連年稔らず、百姓飢餓。官の扶持米のための倉は空尽、与える物は無し」と意見を上申し、この時は富豪の貯えを困窮者に無利子貸し付け、秋収穫時返済の方法が取られたようです。三月の山城国などの飢餓に対しては天皇勅で「貸付を賑給の例に準じて行え」と命令が出されます。これは無利子の貸付を意味するといいます。

同年三月、山城・美濃・若狭・能登・出雲の国の飢が記されています。

同年六月には貴布禰神と丹生川上雨師《にうかわかみあまし》の神に白馬を献納し、三日後晴天を祈願して丹生川上雨師の神に奉幣したという記事です。七月二日には祈雨のため丹生川上雨師の神に黒馬を奉納したといいます。

同年七月、天皇は、「近頃炎旱《えんかん》は十日以上になるので、適当な降雨を願い般若心経《はんにゃしんぎょう》の転読」を命じます。

同年八月二十日、「京中暴風雨、民家損壊《そんかい》」と記されています。同月二十八日は長雨の止むのを願い、貴布禰《きふね》神に奉幣します。弘仁《こうにん》十一（820）年十一月七日の天皇詔に「弘仁八・九年には水害・旱害があり、穀物が稔らず、官の倉庫の穀《もみ》も次第に無くなった。現在は五穀がよく稔り、国の支出を支えることが可能」とあります。

弘仁十二（821）年正月、正三位藤原冬嗣が右大臣に就任します。五月、僧空海が讃岐国の万農池《まんのう》修造事業の別当に就任します。六月、晴れあがるのを願い貴布禰・丹生の神に奉幣したといいます。八月、豊年を感謝して名神に奉幣した記事です。

同年十月の天皇詔で「この頃季節はずれの大雨となり、河内国境が甚だしい被害を被ってい る」ので「浜水百姓（山城・摂津・河内の水害地域の被災者を指すと思われます）で資産流失の場合は、今年の租税は出さなくてよい。三国みな被災者は貧窮の災いを被っているので賑給せよ」と免租と賑給を量《はか》れと命令しています。

弘仁十三（８２２）年五月、石見《いわみ》国で飢、七月山城国で飢、甲斐国で疾病《しっぺい》の記事です。

同年八月一日、災害頻発で穀物が稔らないため、諸国の国分二寺（国分寺・国分尼寺）で七日七夜の悔過《けか》（罪や過ちを悔い改める儀式）と神社の修繕と清掃を諸国に命令します。

弘仁十四（８２３）年二月、「この月、天下大疫、死亡は少なくない、海道《かいどう》（九州へ向かう西海道か）はもっとも甚だしい」と記されています。

同年三月八日、疾病を除くため、東大寺で百人の僧に薬師法《やくしほう》（密教の宗教儀礼）をおこなわせたといいます。

「同月十六日、京内で米高騰《こうとう》、人みな飢乏なので、穀倉院《こくそういん》の穀《もみ》千石を出し、価格を減じ貧民に売り与え、また、同月二十二日、左右京に飢、穀倉院の穀を放出して、賑給した」という『日本後紀』の記事です。

同年四月十六日天皇の譲位により、桓武第三子大伴《おおとも》親王（母は式家《しきけ》藤原百川《ももかわ》の娘旅子《たびこ》）が即位して淳和《じゅんな》天皇です。この年の残りは改元しないで弘仁十四年のままです。

弘仁十四（823）年五月六日、「今年諸国疫気《えきき》流行、百姓窮弊《きゅうへい》、相撲人の貢進を取り止め、詔（天皇命令）で、左右京と五畿内諸国へ賑給した」といいます。

同年七月、毎年旱害と疾病のため、今年の庸《ちからしろ》の免除を行います。長門国・三河・遠江・紀伊国です。

同年十一月、悠紀《ゆき》（丹波）国に去年の未納の免除と主基《すき》国（播磨《はりま》国）に今年の庸の免除をしたといいます。

二回目、京都大地震

天長《てんちょう》四（827）年七月十二日、京都で大地震がおきたと、『日本後紀』は伝えています。「多くの舎屋《いえ》が潰《つぶ》れた。一日のうちに大地震が一度、小動が七回か八回。十四日、地震は止まず、亥《い》の刻（午後八時ころ）に地大震、地震ごとに音がした」といいます。

『大日本地震史料』によると、小震は止まず、仁和三（887）年七月の南海大地震までの約六十年間の長期にわたり続いたといいます。

天長四（827）年八月も地震が頻発しています。

同月二十一日、京で大風が吹き、屋宇《おくう》（家が）転倒といいます。九月も地震頻発です。

同年十二月、朝廷は、地震を止めるため、十四日から三日間、大極殿で百人の清行《しょうぎょう》の僧による般若心経《はんにゃしんぎょう》の転読を行わせます。

天長五（８２８）年五月二十三日、「降雨が特に甚だしく、京中の道に水が溢《あふ》れた。川（堤か）が決壊、山が崩れ水に漬かり、人や物の多くが漂流した」と記されています。

同年六月二十三日、天皇が神泉苑《しんせんえん》に行幸した時、雷鳴降雨により山が崩れ、水が溢れたので、水害を防ぐため、僧侶三十人を呼んで野寺で大般若経を転誦《てんじゅ》させたといいます。

二十八日は越後国の穀一万石を飢餓の苦しみを救うため、窮民に分け与えたといいます。

天長六（８２９）年四月、天皇勅で「諸国では最近、疫病が時々発生し、百姓夭折《ようせつ》（若くして死ぬ）」と、『日本後紀』は記しています。

同年の、僧正護命《ごみょう》の奏上《そうじょう》（天皇に申し上げる）に、「この頃、旱害や疫病がしきりに発生している」とあります。

天長七（８３０）年、正月二十八日に出羽《でわ》国（国司から）駅伝《えきでん》（の方法）で、秋田の大地震が伝えられます。

同年四月二十六日は大宰府《だざいふ》管内、陸奥《むつ》・出羽（秋田）などの国の疫病流行により夭折者が多いので、五畿内《きない》・七道《しちどう》諸国に、精進僧《しょうじんそう》二十人以上を選びそれぞれの国分寺において三日間の金剛《こんごう》般若経《はんにゃきょう》転読を行わせます。不祥《ふしょう》（よくないこと）を除くため、この間殺生禁断《せっしょうきんだん》です。

同年五月六日、地震及び疫病の災いを除くため、大極殿《だいごくでん》で百人の僧による大般若経の転読を七日間行わせたといいます。

天長八（831）年三月、疫病を防ぐため、寺ごとに般若経を奉読させます。

天長九（832）年五月の天皇の勅によれば、「去年の秋稼《しゅうか》（秋の収穫）は稔らず、諸国は飢を告げる。今、疫と旱《ひでり》がそろっておき、人物夭折、加えて火災が往々発生、住まいを失う民もある」ので、「五畿内・七道諸国に七ヵ日、経王（金光明最勝王経《こんこうみょうさいしょうおうきょう》）を転読し、禍《わざわい》転じて福となせ」と命じ、五畿内諸国に「大般若経と金剛般若経の転読、およびこの修善（七日間の行）のあいだの殺生禁断」を命じます。

同年七月、疫気をお断りし、風雨を防ぐため五畿内・七道諸国の名神《みょうじん》に奉幣します。

同月、風雨を防ぐため、伊勢神宮に天皇が奉幣します。同年八月十一日、明神に奉幣します。止雨を願ってのことで、十三大寺の僧二百三十二人に、今月八日から十五日まで、各寺で大般若経の転読を行わせ、内二百人に位を一階進めたといいます。

同月二十日、大雨・大風、河内《かわち》・摂津《せっつ》両国では洪水氾濫、堤防の決壊です。九月摂津国の洪水に遭った百姓に賑給と記されています。

天長《てんちょう》十（８３３）年二月二十八日、淳和《じゅんな》天皇が譲位します。三月六日正良《まさら》皇太子（桓武孫・嵯《さ》峨《が》天皇第二子・母　橘《たちばな》嘉智子《かちこ》）が即位し、仁明《にんみょう》天皇です。皇太子は恒貞《つねさだ》親王（淳和の皇子）です。左大臣（天長九年十一月昇任）従二位藤原緒嗣《おつぐ》は正二位に上ります。天長十年二月三十日、従五位下藤原良房《よしふさ》を左近衛《さこのえ》権　少　将《ごんのしょうしょう》に任じ、加賀守との兼任です。ここまでは『日本後紀』、これからは『続日本後紀』⒀によります。

天長十（８３３）年五月十一日、「武蔵国では管内の公私行旅《こうりょ》（旅人）に飢病者が多いので、多《た》摩《ま》と入間《いるま》の両郡堺《ぐんさかい》に悲田院《ひでんいん》（所）を置き、五宇《う》（軒）の屋《いえ》を建てた」といいます。

維持費は次のように捻出されたそうです。

「介《すけ》（国司の二等官）従五位下当宗宿祢《すくね》家主（ここまでが一人分）以下、少目《しょうもく》（国司の四等官）従七位上大丘秋主（ここまでが一人分）以上六人がそれぞれの公解《くげ》（俸禄）を割き、これで糊口《ここう》（民の生活）の資《もと》に備《そな》える」というものです。役人六人の公解を貸し出し、利息を悲田院経営に充当する。これを歴代行うという計画は「許可された」といいます。

『続四』（補注31・八三）によると、都と関東以北を結ぶ古代の官道が、今の埼玉県所沢市久米を通っていたことが分かっていて、悲田院跡と言われる所が今もあります。

天長十（８３３）年五月二十八日、京及び五畿内・七道（地方の）諸国みな飢疫といいます。

同年六月八日、天皇勅、「諸国では疫病により、夭折する者が多く、修善《しゅぜん》（仏教の行い）なくて、どうしてこの禍《わざわい》をはらうことができようか」と、諸国に「昼は金剛般若経の転読、夜は薬師悔《やくしけ》過《か》」を命じます。

同年八月、北家《ほっけ》藤原良房は従五位下から正五位下に上ります。同年十一月の任官で、左近衛権少将正五位下藤原朝臣良房は右近衛権中将《このえごんのちゅうじょう》に任じられます。

承和《じょうわ》元（834）年正月の天皇詔、「天の動きが一巡し更新の年なので、年号を改め、承和元年とする」と、改元します。

同年正月十六日、左大臣は正二位藤原緒継《おつぐ》、右大臣は清原《きよはら》真人夏野《なつの》、大納言は藤原三守《みもり》、中納言は源常《みなもとときわ》と藤原愛発《あらち》、権中納言は藤原吉野《よしの》、参議は源定《みなもとさだむ》・橘氏公《たちばなうじきみ》・源信《みなもとのまこと》・文室秋津《ふんやあきつ》で、この人たちが太政官《だいじょうかん》を構成します。

承和二（835）年四月三日の天皇勅「諸国で疫病が流行し病に苦しむものが多い。病は鬼神に従って来るので、祈祷《きとう》をもって治す。そのため、十五大寺による大般若経の転読」を命じ、五日に「天下諸国に文殊会《もんじゅえ》をおこなうよう」命じます。

同年四月七日、藤原良房は従三位に上り権《ごん》中納言に、十六日は兼左兵衛督《かみ》（長官）に任ぜられます。同日、参議正三位源信が左近衛中将に、参議従四位文室秋津が右近衛中将に就任します。

同年八月、佐渡国は去年、風の災害があり、穀物が実らず、今、飢（凶作）と疫病があいついで発生し、死亡するものが多いという報告です。

十二月、能登国では旱と疫で人民飢苦といいます。

承和《じょうわ》三（８３６）年、五月十八日夜間、大風と暴雨が樹を折り、屋《いえ》をこわし、城中（平安京内）の人家で壊れないのは稀《まれ》と記されています。下旬は、東西京《きょう》人民が病苦、閏《うるう》五月伯耆《ほうき》国で飢、若狭《わかさ》・薩摩《さつま》で飢、六月に入り、能登《のと》国で飢、隠岐《おき》国で飢、七月十四日、因幡《いなば》国で飢の報告です。

七月十六日、天皇の勅は「諸国において時々疫病が発生し、若死にする者が多いので、五畿《ごき》内《ない》・七道諸国の国司《こくし》に般若経の転読と、急ぎの奉幣《ほうへい》」を命じました。

八月、大宰府管内はまだ衰弊《すいへい》していて、旱《ひでり》と疫《えき》がならんで来ているという報告です。

承和四（８３７）年は二月備前《びぜん》、三月和泉《いずみ》・淡路《あわじ》・美作《みまさか》、五月伊予《いよ》の国々の飢が報告されます。

同年六月二十一日の天皇勅で「疫病が時々流行し、病に苦しむ者が多い」ので、予防の意味で「五畿内・七道諸国の修行者二十人以下十人以上に、国分僧寺において七月八日から三日間、昼は金剛般若を読ませ、夜は薬師悔過《けか》を修《おさ》め、終わるまで殺生禁断」という命令です。

同月二十二日、山城《やましろ》・大和《やまと》・河内《かわち》・摂津《せっつ》・近江《おうみ》・伊賀《いが》・丹波《たんば》などの七国に使人《つかい》をやり、「境界で祭礼を行い、（病の原因の侵入を）防御するよう」命じます。

八月、陸奥《みちのく》国の課丁《かてい》（庸《よう》・調《ちょう》・雑徭《ぞうよう》を負担する人民）三千二百六十九人に五年間の税を免除する勅です。

十二月十一日、日の出から戌刻《いぬのこく》（午後八時ころ）まで大風、京中の屋舎《いえ》があちこち壊《こわ》れたという『続日本後紀』の記事です。

承和《じょうわ》五（838）年四月七日、天皇勅で、「去年は穀物が実らず、ときどき疫病があった」といいます。同月十四日、大宰府管内諸国の飢が報告されたようで、賑給の記事です。同月二十一日備前国、翌月山城国の飢です。

同年八月二十日、暴風雨が民の家屋を壊したという記事です。同月二十二日備前国の飢、二十八日には雨が降り続くので名神に奉幣したといいます。

承和六（839）年三月天皇の勅で陸奥国の百姓（役を課されている）三万八百五十八人に復三年（三年のあいだ税を免除）を与えるといいます。

承和七（840）年二月二十七日、夜間、雷と降雨がこもごも激しくなってきたため、宮中からの使いとして、左近衛少将《さこのえしょうしょう》を嵯峨院《さがいん》へ、右近衛中将《うこのえちゅうじょう》を淳和院《じゅんないん》へやり、両太上天皇《りょうだいじょうてんのう》のそばに仕えさせたそうです。

同年五月八日淳和太上天皇が五十五歳で崩御します。同月十三日夕方、遺詔《いしょう》（遺言）のとおり、山城国乙訓《おとくに》郡物集《もず》村に葬ります。骨は粉砕し、大原野西山の嶺《みね》に散じたと『続日本後紀』に記されています。

三回目、伊豆半島大地震

承和《じょうわ》五（８３８）年七月十八日の『続日本後紀』の記事です。

「十八日、粉のようなものが空から降ってきました。雨にあっても融《と》けず、降ったりやんだりしています」とあり、三日後（二十日）は「東の方角から太鼓を打つような音がしました」とあり、神津島《こうづしま》の噴火と関わりがありそうです。

同年九月二十九日、七月から今月まで、河内・三河・遠江・駿河・伊豆・甲斐・武蔵・上総・美濃・飛騨・信濃・越前・加賀・越中・播磨・紀伊などの十六国から「天から灰のような物が降り、何日も止まらない、損害はありません」という報告です。

承和七（８４０）年九月二十三日の伊豆国報告です。

賀茂《かも》郡に造作《ぞうさく》島があります。本名は上津島です。（中略）島では去る承和五（８３８）年七月五日夜火を出し、上津島左右海中が焼け、炎は野火のようでした（中略）今月十二日は雲煙が四面を覆い、状況を見ることできませんでしたが、最近雲霧がとれ（報告します）。

承和八（８４１）年六月二十二日の天皇詔に「伊豆国に地震の変があった」とあります。七月五日の天皇詔によれば、「伊豆国の地震は変（わざわい）を為した（もたらした）。村落は損なわれ、人・物が損傷し、または押しつぶされた」〔『続日本後紀』〕とあり、この日、伊豆大地震は正式に認定されたと伺えます。

日本列島には中央構造線と共に、フォッサマグナ（糸魚川―静岡構造線）という、大きな地質構造線に沿って、松本市南部から諏訪湖を経て山梨県の甲府盆地に至る範囲に顕著な活断層が発達しており、各地で活断層のトレンチ調査が行われている。このうち、諏訪湖から甲府盆地に至る区間では、東京大学地震研究所による調査で、最新の活動が八四一年に近い年代に発生したことが判明している。〔『揺れる大地』（２３３・２３４頁）〕

承和八（８４１）年九月一日、京は洪水になり、百姓の小さな家は漂流し、京中の橋と山崎橋みな断絶と記されています。

同年十月四日と二十七日も仁明天皇の病気の記事です。

承和九（８４２）年正月、従三位藤原良房は正三位に上ります。

同年二月十六日、仁明の第一皇子道康《みちやす》親王（のちの文徳《もんとく》）が元服《げんぷく》します。

同年七月八日、嵯峨太上天皇が病気になったという記事です。

七月十一日は良房が兼右近衛大将に任ぜられます。

七月十三日、左右近衛中将《このえちゅうじょう》と少将を嵯峨院に差し向け、太上天皇の側に待機させます。

仁明天皇も高熱があり見舞うことができないというとき、十五日、嵯峨太上天皇が崩御します。

すぐ、三関固守が行われ、十七日、固守が解除され、解かれたその日、伴健岑《とものこわみね》と橘逸勢《たちばなのはやなり》らの謀反が発覚します。謀反とした理由は伴《ともの》氏らが皇太子を奉じて東国で兵を挙げようとしたというものです。「承和《じょうわ》の変」と言われています。

容疑者は次々捕えられ、二十三日には淳和《じゅんな》皇子の恒貞《つねさだ》親王まで邸内に閉じ込められ、そして方々に流されたといいます。この事件の処理に当たった中納言藤原良房は大納言に進み、道康親王（父仁明・母良房妹順子）が皇太子に立てられました。

当時、天皇はまだ、かなり実権を持っていました。天皇の気持ちひとつでいつまた源氏ばかりか、伴《ともの》氏や同族の藤原氏内の競争相手が引き立てられるかわからない中、良房にチャンスが巡ってきたと考えられています。

「占い文」と一致

大同元（806）年以来、地震・大風・旱害・大雨・水害・洪水・飢餓・疫病のいずれかの組み合わせが連年続くなか、弘仁九（818）年に関東北部、天長四（827）年に京都、承和八（841）年に伊豆半島、それぞれ七月大地震の発生です。

過去にもこんなことがありました。天武《てんむ》七（678）年十二月の筑紫《つくし》大地震と天武十三（684）年十月の南海大地震のあと、天武天皇が没すると、すぐ大津皇子《おおつのみこ》謀反《むほん》が発覚、大津皇子は自死させられます。

七月大地震が三回続き、嵯峨太上天皇が崩御するとすぐ、承和の変がおきます。様子は天武朝の二つの大地震の頃と似ていて、皇位継承に関わる陰謀か、淳和《じゅんな》天皇皇子の恒貞《つねさだ》皇太子が排除されました。

「大風、病気、この三つき地震いたせば、おう様お患い、つわもの難儀かかり候」という占い文と一致します。口伝されたものを日本後紀・類聚国史・日本紀略・続日本後紀等により確認したのでしょうか。それともそれらの記事を「占い文」として整理したものなのでしょうか。

ついでながら、疫病を封じ込める追儺《ついな》の儀式は慶雲《けいうん》二（705）年に、日本で初めて行われたそうです。厄除《やくよ》け・儺《おにやらい》（追儺）に使う土牛《どぎゅう》を、日本で初めてつくったのは慶雲三（706）年といわれます。

いずれにしても、この地震で七・十・十二の大地震三ヶ月がそろいました。

第Ⅸ章　九世紀末の寒冷期

正月二月三月と順に起きた大地震と「大雨・大水・不作・大飢饉」

正月の出羽国大地震

天長《てんちょう》七（830）年（淳和天皇）の一月、出羽国（秋田）で大地震が起きたという『日本後紀』の記事です。

正月三日午前八時ころ、大地震動し、その響きは雷のようだった。城郭《じょうかく》・官舎・四天王寺の丈六《じょうろく》（六尺の）仏像・四天王堂舎など皆ことごとく転倒、死者十五名・負傷者百余名。地震のため地割れしなかった所はなく、秋田城の近くを流れる秋田河（雄物《おもの》川）が涸《か》れ、流れは溝のようになった。

現在、この大地震が秋田河（川）の流路を変えた（『秋田県の歴史』）と考えられています。

『続日本後紀』によると、翌年の天長《てんちょう》八（８３１）年八月は大雨と大風による河内・摂津両国の洪水・氾濫が記されています。

承和《じょうわ》元（８３４）年（仁明天皇）八月二十一日、京都に暴風と大雨が同時に来て、樹木が折れ、根こそぎ抜かれ、民の粗末な家が壊れたので、畿内の名神に急いで行かせ、風を止めてくださいと祈らせ、夜は大般若経の転読を命じたといいます。

翌日「夜風雨、なおしきり、明け方になってもやまず、城中の人家、往々転倒する」と記されています。

翌年の佐渡国報告によれば、元年に佐渡国で風雨の災害があったといいます。

承和三（８３６）年、「五月十八日、京都は夜大風、暴雨がしきりに交じり、樹を折り屋《いえ》を発《あば》（開く・掘り出す）く、城中の人家で壊れないのは稀、東西両京の人民は病苦」という記録です。

また、「七月、諸国疫病間発、夭死者《ようし》が多い。京都で雷雨特にしきりなり」と記されています。

承和四（８３７）年六月疫病間発、疾苦者多い。十二月十一日早朝より夜まで大風。京中の舎屋あちこち破壊されたといいます。

承和五（８３８）年四月七日の勅です。次のように命じています。

去年は年穀稔らず、疫病が間をおいて発生、十五大寺に、五畿内・七道諸国及び大宰府に大般若経の奉読と七日間の殺生禁断。

筑前・筑後・肥前・豊後などは連年疫病流行で死亡半ばに達したといいます。八月十九日止雨を願い幣帛《へいはく》を奉るなどしたが、二十日暴風大雨が民の粗末な家を壊したという『続日本後紀』の記事です。

二月の信濃国大地震

承和八（841）年二月、信濃国の大地震を『続日本後紀』が伝えています。「地震その声雷《かみなり》のごとし、一夜の間に、おおよそ九十四度、家が倒れくずれ、公私ともに損害を受けた」といいます。

諏訪湖から甲府盆地に至る区間では、東京大学地震研究所による調査で、最新の活動が八四一年に近い年代に発生したことが判明している。〔『揺れる大地』（234頁）〕

承和八（８４１）年「八月三十日は京都で雨が特別にすごく、祈とう師に止雨を祈らせた」という記事です。しかし、「九月一日洪水が発生、百姓の粗末な家は漂流し、京中の橋と山崎橋がことごとく断絶した」といいます。

三月の京都大地震

この地震は『日本文徳天皇実録《にほんもんとく》』が伝えています。

斉衡《さいこう》三（８５６）年（文徳天皇）二月二十日、雷のような音がした、翌日も地震。三月も初めから地震、京と城南では、ある舎屋《いえ》は壊れ破れ、ある仏塔は傾いた。

改元して天安《てんあん》です。天安元（８５７）年「五月二十日、地震・雷雨有、近来長雨が晴れない。今日は京中水が溢れる」という記事です。

「五月二十九日長雨やまず、洪水氾濫、道橋流絶、河堤断□（欠）」とあります。大洪水の様子を『文徳実録』が伝えています。

翌年の天安二（858）年も、次のように記されています。

五月十五日、長雨止まず、洪水は満ち広がり、東西両河は人馬不通、五月二十日は雨の降り方は注ぐようで、翌日二十一日も大雨、二十二日も大雨、洪水は満ち広がり河流の勢いは度を超し、水勢は滔々《とうとう》、平地浩々《こうこう》（水が豊かに流れる）、橋梁断絶。道路は川になり、東堀川の水は冷泉院に入り、庭中が池のようだ。左衛門陣直（宿直の）盧（そまつな小屋）が浮流した。公卿諸司百寮（役人）が部下を率いて、ある人は草履《ぞうり》、ある人は裸足《はだし》にて競って畔《あぜ》（土を盛ってある場所）へ行く。堀が決壊し流れ、池の魚は浮いてただよう。疲れた魚がはなはだ多い。また、左右京は水害を被り、流死者が多い。

二十四日、長雨が晴れたという『文徳実録』の記事です。

同年五月二十九日、朝廷は穀二千五百石と塩二十五石を左右両京の長雨に苦しむ窮民に支給したといいます。

「占い文」と一致

天長七《てんちょう》（830）年一月の秋田大地震のあとのことです。

承和元（834）年八月、京都で暴風大風です。

承和二（835）年四月は地方から京への疫病侵入が警戒されたようです。

承和三（836）年五月に京都で大風・暴雨で被害、東西京人民は病苦、同四年六月疾病の流行、十二月の大風で被害、同五年八月暴雨の被害にみまわれます。

承和八（841）年二月の信濃国大地震の後、京都で大雨が降り、大洪水がおき、翌年十月、京都で嶋田・鴨河原などの死体五千五百頭を埋葬したといいます。

斉衡《さいこう》三（856）年三月の京都大地震の後、翌年と翌々年、京都は大雨により大洪水になったと記されています。この頃の気象は次のように説明されています。

九世紀末の日本の気候に、気温の低下があったことは、ほぼ間違いない。（乾湿の変化はどうかと問い）1996年に戸口伸二氏は「平安京右京の衰退と地形環境変化」（地理学評論）において、京都の洪水は、その（古文書）記録から、九世紀の後半に著しく、前半の三倍の件数にのぼる。衰退は、平安京造営に伴う鴨河上流での森林乱伐だけが原因ではなく、大雨の多さが第一の原因であるとした。洪水が地形を変えて、平安京の衰退、となった。京都で多雨となるのは寒冷期に当たり梅雨前線が本州付近に停滞したためだと推定されている。（『気候変化と人間』）

「一・二・三月大地震」はこの頃の京都の気象を捉えていると考えられます。これらのことは『日本後紀』、『続日本後紀』、『日本文徳天皇実録』の記事によっています。以上を読み「地震占い」にまとめたと伺えますが、災害の記憶なので、口伝も否定できません。

第X章　「摂政」「関白」が設置されるころ

承和《じょうわ》の変から数年が過ぎた承和十五（848）年正月、大納言正三位北家《ほっけ》藤原朝臣良房《よしふさ》は右近衛大将のまま右大臣に、中納言正三位　源《みなもとの》朝臣信《まこと》（嵯峨天皇皇子・良房の妻源潔姫ときょうだい）が大納言に任命されます。二月、従四位下伴宿祢善男《とものすくねよしお》が参議に任命されます。

嘉祥《かしょう》三（850）年三月二十一日、清涼殿《せいりょうでん》で仁明《にんみょう》天皇が四十一歳で崩御すると、

（その日、）藤原助《ふじわらのたすく》が左右近衛少将・将曹《しょうそう》（主典・下級役人）等を率いて、天皇の神璽《じ》・宝剣《ほうけん》・符節《ふせつ》（割符）・鈴印《すずいん》等をもって、皇太子の直曹（内裏内の控所）に納め奉った。（中略）左右大臣（源常《みなもとのときわ》・藤原良房）以下のものが（東宮へ向かう奉られた物と皇太子の行列）それに従い、六衛府《りくえふ》が陣列《じんれつ》を組み御幸《みゆき》の儀のようであった。

と『続日本後紀』は伝えます。この一文は「天皇の権限を皇太子に譲る、即位の儀式の一部」を伝えていると伺えます。

ここからは『日本文徳天皇実録』によります。

仁寿《にんじゅ》三（853）年三月二十一日、道康《みちやす》（仁明《にんみょう》天皇第一子・母は北家藤原冬嗣《ふゆつぐ》娘）親王が即位し、文《もん》徳《とく》天皇です。

天安《てんあん》元（857）年正月七日、叙位があり、伴中庸《とものなかつね》（伴善男《よしお》の子）が従五位下、二十一日に藤原良房は正二位に上ります。二月十六日、従五位下の藤原基経《もとつね》（良房の養子）が少納言に、二月十九日、良房は右大臣から左大臣を飛び超えて、太政大臣になり、大納言の従二位源信は左大臣に、大納言正三位北家藤原良相《よしみ》は右大臣に任命されます。四月十九日、良房に従一位が授けられます。

この年は二月二十一日、白鹿《はくろく》・連理《れんり》の瑞《ずい》（めでたいしるし）により天安と改められ、正月まで遡って天安と改元されています。

天安二（858）年三十二才の文徳天皇が冷泉院《れいぜいいん》で突然崩御します。惟仁《これひと》親王（文徳天皇第四子・母良房娘明子《あきらけいこ》）が三人の兄を超え、わずか九才で即位し、清和《せいわ》天皇になります。外祖父の良房が、天皇の権限を代行したといわれます。

貞観年間の二回の五月大地震・八月の頻発地震と「高家衆ご盛況」

一回目の五月大地震・富士山噴火

貞観《じょうがん》六（864）年五月、駿河・甲斐で大地震がおきたと『三代実録』は伝えています。

駿河国の報告によると次のようです。

富士郡正三位浅間大神《せんげんおおがみ》大山《おおいなるやま》に火（噴火）、その勢いは非常に盛んで山焼《やまやけ》（噴火）は方《ほう》（昔は地面を四角と考えたので一辺）一里か二里ほどです。光炎《こうえん》（火炎）の高さ二十丈（一丈は3mくらい）ほど、大きな雷の音のような声《こえ》（音）がありました。十余日に地震三度、火はまだ衰えず、岩を焦《こが》し山の峰が崩れました。沙（砂）石は雨のようです。煙雲がもくもくと湧き、人は近づけません。大山西北に本栖《もとす》の水うみがあります。（ここに）溶岩が流れ込み、その規模は距離三十里ほど、広さは三・四里ほど、高さは二・三丈ほどで、火焔（溶岩流）は甲斐国境にとどきました。

同年七月十七日、甲斐国の報告です。

駿河国の富士山に突然の暴火がありました。山の峰を焼き落とし、草木は焦げて枯死しました。土礫《れき》石が流れ、八代郡の本栖と𠥔《せん》の二つの湖を埋め（たので）、水は湯のようになり、湖の魚やスッポンは皆死にました。百姓の居宅は湖と、ともに埋まり、ある（場合）は家があっても人がいない、その数を記すのはむずかしいです。この二つの湖の東に河口湖があります。火焔（溶岩流）はここに到達しました。本栖湖・𠥔《せん》湖が埋まる前（の時刻）、地大震動し、雷電《らいでん》（雷鳴と稲光）し、暴雨になり、雲霧により真っ暗になったので山野を見分けることはできませんでした。その後（見えるようになってから）この（報告の）災異です。

貞観八（866）年三月十日、大極殿の正面にある応天門《おうてんもん》が燃えたと、『三代実録』は記しています。

この事件（応天門の変）で、はっきりしているのは、伴善男《とものよしお》らが犯人として処分されたこと、放火の訴えのあった直後の八月十九日に勅命で良房が正式に摂政になったこと、その良房が、事件処理を一切指揮したこと、伴氏や紀氏など古くからの有力貴族がすっかり没落したことである。〔『日本の歴史2』（20頁）〕

「占い文」と一致

貞観六（８６４）年の富士山噴火・大地震のあと、藤原良房が正式な摂政となったことを「高家衆ご盛況」と捉えると、占い文と一致しています。『三代実録』によっています。

二回目の五月、陸奥国大地震

貞観十一（８６８）年五月、陸奥《むつ》で大地震がおきたという報告を『三代実録』は伝えています。様子は、次のようにいわれます。

昼のように明るい光が陰映し、人民叫び呼び、伏して起き上がることができません。ある家は倒れ、（人畜）圧死。土地は断裂、埋まりました。牛馬は反射に驚き、走り出し、互いに上に乗り踏みつけ、城郭《じょうかく》・倉庫・門櫓《やぐら》・かきね・壁が崩れ落ち壊れました。その数は知れず。港は咆哮（大音響でうなる）し、声（音）は大きな雷に似ていました。驚くべき大きな波が海水に涌き、満ちあふれ向かってきて、たちまち城下に達しました。（中略）原野・道路はたちまち海となり、船に乗る時間はなく、山に登るなどは論外でした。溺死者は千人ばかりです。

さらに、「資産苗稼ほとんど子に遺る無」と記されていて、悲痛な状況が伝わってきます。

この大地震は現在、次のように説明されます。

（二〇一一年）三月一一日（午後二時四六分）の東北地方太平洋沖地震はM９・０で、日本で観測された地震では最大規模でした。（中略）今回の地震にもっとも近い規模だったのは、一一〇〇年近く前に発生した大津波です。（中略）一九〇六年に歴史・地理学者吉田東伍《よしだとうご》が、「歴史地理」という雑誌に載せた「貞観《じょうがん》十一年陸奥府城《むつふじょう》の震動洪溢《しんどうこういつ》」という論文では、『日本三代実録』の記述を検証して、決して誇張ではないと論述しています。（中略）このような大津波を引き起こした原因として、太平洋沖海底のプレート境界から発生したM８・４以上の巨大地震を考えています。〔『日本人はどんな大地震を経験してきたのか』(8)〕

貞観十二（８７０）年正月十三日、紫宸殿《ししんでん》前で、大臣以下参議以上が御簾《みす》の向こうに居る天皇を拝します。

同日、正三位源融《とおる》と従三位北家藤原基経《もとつね》が大納言に任命され、中納言に源氏と藤原氏から各一人、参議に源氏から一人、在原《ありわら》氏から一人、藤原氏から一人が任命されます。

貞観十四（８７２）年八月二十五日、大納言兼左近衛大将陸奥出羽按察使藤原基経は正三位に上り、右大臣に就任、歳は三十七才です。源融《とおる》は左大臣に就任です。

同年九月二日、太政大臣従一位藤原良房《よしふさ》が六十九才で薨去すると、養子の基経があとを継いだといわれます。この年はみやこで咳逆病（流行性感冒、『日本疾病史』）が流行したという記事です。

同月、良房に正一位が追贈されます。

貞観十五（８７３）年正月七日、嵯峨天皇の皇子源融と良房の養子藤原基経はそろって正三位から従二位に位階を上ります。十三日、源融に東宮輔《ふ》（皇太子の守り役）の兼任が命じられます。

貞観《じょうがん》十八（８７６）年十一月二十九日、清和《せいわ》天皇（二十七才）は皇太子に譲位します。

天皇は退位し、皇太子が位につき、九才の陽成《ようぜい》天皇です。基経は右大臣のまま、摂政《せっしょう》に就任し、左大臣源融を超える権限を持つことになったといいます。

天皇の外祖父として養育にあたり、良房が清和天皇を養育したように、天皇が政治に練達するまで補佐せよと命じられ、ついに天皇外戚が政治を行い、権力の発揮ができるようになったと考えられています。

年号が改まり、元慶《がんぎょう》です。

元慶四（880）年十二月四日、右大臣正二位藤原基経は太政大臣に就任します。

元慶八（884）年二月四日、天皇は手書を太政大臣に送り、「近ごろ病に何回かなり疲れることが多く天皇の仕事ができないので、早く退位させてほしい」と退位します。

この日、仁明天皇第三皇子（母藤原澤子）が即位し、光孝《こうこう》天皇です。天長八年生まれといいますから五十才を超えています。

同年六月五日、天皇の勅です。


（基経は）今日より官庁に座し、万政を治め、内では天皇自身を輔《たすけ》、出（内の外）では百官（朝廷の役人）を総《ひきいる》（統率する）。奏上《そうじょう》（下から天皇へ申し上げる）の事、命令（天皇から下へ）の事、必ず、まず（基経に）相談する。〔『三代実録』〕

天皇は五十五才で、摂政は必要ではなく、政治は一切、基経に任せるとしたそうです。この時には関白という言葉は無いですが、関白の始まりとなったといわれます。

「占い文」と一致

貞観十一（868）年五月の陸奥大地震のあと、貞観十四（872）年に摂政に就任し、元慶八（884）年に事実上の関白になった藤原基経をさしていると伺え、「高家衆ご盛況」という占い文と良く一致します。

第XI章　藤原氏による政治権力の独占

八月の仁和南海地震

年号は仁和《にんな》となります。『三代実録』によれば、「仁和三（887）年六月二十七日、雷雨、雹《ひょう》が積もった」といいます。その直後七月に入るとすぐ、大地震の記事です。

七月二日夜、京で地震、六日夜地震、（中略）三十日夕刻大震動（この大地震が八月大地震の根拠と考えられます）、数刻しても（夜中）地震は止まず、天皇は仁寿殿《にんじゅでん》を出て、紫宸殿《ししんでん》の前庭に避難しました。（中略）諸司（諸役所）倉屋、東西京の民家はあちこちひっくり返り、圧死者が多く、ある（場合）は、失神急死です。午後十時、三度地震。五畿内・七道諸国も同日大地震、官舎が多く損なわれました。海水が陸にみなぎり、おぼれ死ぬ者の数は不明です。このうちで、摂津国が最もはなはだしい。〔『三代実録』〕

七月最終日の夜中から八月一日未明にかけての大地震だったと伺えます。

これらの記録は、八八七年に南海地震が発生したことを示している。（中略）最近、愛知県埋蔵文化財センターの服部俊之さんが、稲沢市内の地蔵越遺跡で平安時代前期の遺物包含層の上に流れ出た噴砂を確認し、遺跡からも存在が推定されている。〔『揺れる大地』（45頁）〕

この地震後、宮中及びみやこで根拠のない噂が広がり、『三代実録』によると、その数は三十六種といいます。

災害最中の八月、光孝天皇が譲位し、臣下の身分になっていた源定省《さだみ》（光孝第七皇子）二十一歳を皇親に戻し、皇太子とします、即位し、宇多《うだ》天皇です。

仁和三（887）年七月二十一日に、（宇多天皇が基経に）関白の詔書を賜い、具体的に政務を輔弼《ほひつ》するよう命ぜられた。（天皇と基経の間で、阿衡《あこう》の紛議《ふんぎ》となる）（中略）阿衡の紛議は、仁和四年十月、天皇の勅答撤回によって、いちおう終止符が打たれたが、同時に、天皇は、かつて光孝天皇が下したのと同様の詔を下した。〔『藤原摂関家の誕生』〕

「占い文」と一致

仁和三（887）年七月末のM8・4以上の南海地震と推定されている仁和の大地震の後、正式な関白となり、天皇に代わり政治を行うことになった藤原基経の隆盛をさしていると考えられます。

むすび

この後、六左衛門の時代まで、占い文に相当する事柄は見出し難く、したがって、仁和三年の南海大地震をもって終わりとします。

地震占いの謎を解くために、『災変通志』（池田正一郎著、新人物往来社、２００４）などから手掛かりを得て、参考図書に導かれながら、その根拠を求めたとき、日本書紀・続日本紀・日本後紀・続日本後紀・日本文徳天皇実録・日本三代実録などの正史といわれる歴史書に向かうことになりました。

いわゆる政府記録の古いもので、帝紀のうちでも六国史といわれます。帝紀は皇室が編纂委員会のような部署に命じて筆録させ、保存させたといいます。古代であっても本は普及しました。写本と言われ、原文を筆で書き写す方法です。写本する途中に誤字・脱字・文字の書き加え・異なる当て字、写本する人による書き加え・前後の段落の差し違えなど諸々あり、復元は長くかかり手間取ったそうです。現在に至っても完璧ではないそうです。

『藤原摂関家の誕生』によると、なかでも『日本後紀』は散佚《さんいつ》して、江戸時代の初期には幻の書になっていたそうです。そうであっても、記事の一部は『類聚国史《るいじゅうこくし》』・『日本紀略《にほんきりゃく》』・『扶桑《ふそう》略記《りゃっき》』・『政治要略《せいじようりゃく》』などに引用されていたし、江戸時代の初めに、バラバラになった逸文《いつぶん》の収集も試みられていたそうです。今、私たちが目にする本はこうした復元作業の積み重ねの果実と言うことになります。

ですから、江戸時代初期の中村六左衛門も六国史を読むことが出来た、と考えて良いでしょう。膨大《ぼうだい》な学習の成果を短い占い文にまとめたことになります。「地震占い」には過去の経験が凝縮され記録されている、と信じてよさそうです。

村は黒姫山《くろひめやま》と斑尾山《まだらおやま》が作る谷沿いにあります。当時、村人の開墾すべき耕地は主に黒姫山の裾がゆるやかに谷に向かう東南に面した斜面にあったのでしょうか。冷たい湧き水を利用しての稲作は工夫を要したと思われ、稲については、丁寧に農業の知恵が記されています。干ばつや飢饉の年のための救荒作物に言及し、主要作物、アワ・大豆・小豆・ヒエ・大根・ソバ・蕪の作付けについて記しています。簡潔ですが要領を得た農書となっています。

歴史上の大地震の前後は、大風・大雨・大水・洪水氾濫・旱・不作・大飢饉・疫病による患《わずら》いが生じたように伺えます。

日本歴史を秘めた「地震占い」を農書に添えた意味は、後世の者が飢餓に苦しめられないよう祈ったのでしょうか。

言葉の意味

(i)豪族(ごうぞく)

五世紀ころ九州から東北地方一部までの各地に様々な形の大規模な古墳がつくられたそうです。発掘調査して得れた知見から、「豪族国家」とでも言うべき、三世紀のクニよりもっと大きい支配域が成立していたことが想像され、大和朝廷をつくった天皇の祖先も中央豪族の一つと推定されています。六世紀に台頭する大伴氏・物部氏・蘇我氏は近畿地方の有力豪族であったとされます。ほぼ同時期、岡山県に土着勢力の吉備氏が存在したといわれます。

(ii)帳内(ちょうない、舎人)

律令制下の官人になるためには、まず「君に事えて功を積み、然る後に爵位を得て然る後に官を受ける」(官位令集解)とあるように、位階を得ることから始まるといいます。位階を得るためには、舎人・兵衛・帳内・資人や使部などの律令官人機構の末端で貴人や官衙(役所)の警護・雑事に従事する方法があり、国造や豪族の子弟の多くがそのいずれかのルートをへて公務の一端を担い、やがて勤務成績の評定がおこなわれて、その結果、位階を授けられたと考えられています。

(iii) 浄御原令(きよみはらりょう)

持統三年六月に諸司に令(浄御原令)し、二十二巻を班給(配る)したと記されています。現在は法が効力を発揮する意味の「施行した」という見解がとられています。

「令」とは、今でいうと行政法・民法・訴訟法に相当し、刑法にあたる「律」がついて律令となるといいます。

(iv) 律令(りつりょう)

飛鳥の「浄御原令」から出発した日本の律令は、大宝元(701)年公布・施行の「大宝律令」、養老二(718)年公布で、天平宝字元(757)年施行の「養老律令」によって完成したといわれます。この三つの律令は、どれも完全にまとまった形では残っていないので、のちにできた律令に関わる文書を研究することで、条文の復元が進み、今は、大体の姿をみることができるようになったといわれます。

(v) 按察使(あんせちし)

令制のもとで八世紀前後、国郡司を監督するために巡察使がおかれたといいます。これは臨時の派遣なので監督機能に限界があったと考えられ、養老三年に新設されたのが安察使です。巡察使より位階が高く、現地に常駐している点に特色があるといいます。
按察使の読み方は他に「あんさつし」「あんせつし」約して「あぜち」などがあります。

(vi) 内舎人(うどねり)

五位以上の身分の子や孫で年二十一才以上、かつ官職に就いていないもので、式部省が性識聡敏で儀容(たちいふるまい)とるに足ると認定した者、ただし三位以上の子は無条件といいます。定員は九十人で、仕事は帯刀して天皇に近侍し警護にあたります。時に、使者として諸所に派遣され、天皇の外出のさいに護衛します。

(vii) 大舎人(おおどねり)

養老令官制では左右大舎人寮(役所のなまえ)に各八百人。三位以上のものの孫と四位・五位の子と孫のうち性識・儀容のやや劣る者、および内位(郡司などの外位ではない)六位以下八位以上の嫡子で儀容端正なものを採用し、宿直・容儀(儀式ばった行いか)の任にあてるといいます。

(viii) 衛士(えじ)

一般の公民の正丁から徴発された軍団の一部です。軍団から選ばれて一年交代で上京し衛士として衛門府と左右衛士府に配属されます。軍団は浄御原令により、国司のもとで国の成年男子の四分の一が指名登録され編成され、中央政府の軍隊となります。

(ix) 国郡司(くにぐんのつかさ、国司《こくし》・郡司《ぐんじ》)

国の長官である国司は、みやこの貴族、あるいは貴族に近い官人から、その人物を厳重にしらべたうえで(朝廷から)任命されたといいます。郡司の長官(大領)と次官(少領)については、能力が同じなら、まず国造を採用せよと決めていて、国司には任期があるのに郡司は任期がないという違いがあります。

(x) 出挙(すいこ)

令本来の意図としては、正税出挙は雑用をまかなう範囲で運用されるべきものだったといいます。稲の出挙は正税と雑色稲(郡稲、公用稲・国儲、駅起稲)に分けられていたといいます。だんだん雑色稲は正税へ一本化され、国・郡の貸し出す公出挙の稲は、主として、地方財政の一般的な予算にあてられる正税(大税)の稲いわゆる論定稲と、国司の俸給の支払いと国衙(役所)の赤字をうめるための公解稲の二つになります。

(xi) 論定稲（ろんていとう）

天平十七年十月に正税出挙の論定稲（国別定数）が定まりました。例えば、淡路国の場合は正《しょう》税《ぜい》稲三万五千束、公解稲四万五千束と決められました。両方合わせると八万束です。

(xii) 公解稲（くがいとう）

公解稲は、この論定稲（天平十七年十月五日に定められた）の運用を円滑に行うために設置された制度といわれます。この制度は国司の運用次第で莫大な利稲（もうけ）を彼らの手許に残し、後に彼らを行政官から単なる収税吏へと堕落させる途を開いたと考えられています。

(xiii) 天平勝宝元（749）年

この年は四月と七月に改元が行われました。七月の改元で正月に遡り天平勝宝元年としたので、一月からこの年号となります。歴史の事実では749年正月から四月の改元までは天平二十一年で、四月から七月までは天平感宝元年です。

参考図書

(1) 震災予防調査会編『大日本地震史料』思文閣、1973年復刻版
(2) 坂本太郎他校注『日本書紀 下』日本古典文学大系、岩波書店、1993年
(3)、(4) 家永三郎編『日本の歴史』1・2、ほるぷ出版、1977年
(5) 森公章著『古代豪族と武士の誕生』吉川弘文館、2013年
(6) 鈴木秀夫著『気候変化と人間』大明堂、2000年
(7) 寒川旭著『揺れる大地』同朋舎出版、1997年
(8) 寒川旭著『日本人はどんな大地震を経験してきたのか』平凡社、2011年
(9) 竹内理三著『律令制と貴族政権』お茶の水書房、1957年
(10) 米田雄介著『藤原摂関家の誕生』吉川弘文館、2002年
(11) 青木和夫他校注『続日本紀』一〜五、新日本古典文学大系、岩波書店、1989〜98年
(12) 森田悌訳『日本後紀 全現代語訳』上・中・下、講談社、2006〜07年
(13) 森田悌訳『続日本後紀 全現代語訳』上・下、講談社、2010年
(14) 黒板勝美編『日本文徳天皇実録』国史大系、吉川弘文館、1953年
(15) 黒板勝美編『日本三代実録』前・後篇、新訂増補国史大系、吉川弘文館、1971年

⒃富士川游著『日本疾病史』東洋文庫、平凡社、１９６９年
加藤友康他編『日本史総合年表』吉川弘文館、２００１年
池田正一郎著『日本災変通志』新人物往来社、２００４年
黒板勝美編『類聚国史』前・後篇、新訂増補国史大系、吉川弘文館、１９６５年
黒板勝美編『日本紀略』前・後篇、新訂増補国史大系、吉川弘文館、１９６５年

補足資料

議政官組織は『日本の歴史１』の律令官制を参照しました。

■律令制における位階

<table>
<tr><th>親王・内親王</th><th>諸王</th><th>諸臣</th><th>外位</th></tr>
<tr><td rowspan="2">一品</td><td colspan="2">正一位</td><td></td></tr>
<tr><td colspan="2">従一位</td><td></td></tr>
<tr><td rowspan="2">二品</td><td colspan="2">正二位</td><td></td></tr>
<tr><td colspan="2">従二位</td><td></td></tr>
<tr><td rowspan="2">三品</td><td colspan="2">正三位</td><td></td></tr>
<tr><td colspan="2">従三位</td><td></td></tr>
<tr><td rowspan="2">四品</td><td colspan="2">正四位上</td><td></td></tr>
<tr><td colspan="2">正四位下</td><td></td></tr>
<tr><td></td><td colspan="2">従四位上</td><td></td></tr>
<tr><td></td><td colspan="2">従四位下</td><td></td></tr>
<tr><td></td><td colspan="2">正五位上</td><td>外正五位上</td></tr>
<tr><td></td><td colspan="2">正五位下</td><td>外正五位下</td></tr>
<tr><td></td><td colspan="2">従五位上</td><td>外従五位上</td></tr>
<tr><td></td><td colspan="2">従五位下</td><td>外従五位下</td></tr>
<tr><td></td><td></td><td>正六位上</td><td>外正六位上</td></tr>
<tr><td></td><td></td><td>正六位下</td><td>外正六位下</td></tr>
<tr><td></td><td></td><td>従六位上</td><td>外従六位上</td></tr>
<tr><td></td><td></td><td>従六位下</td><td>外従六位下</td></tr>
</table>

※七位以降は省略

■律令制における主な中央官制

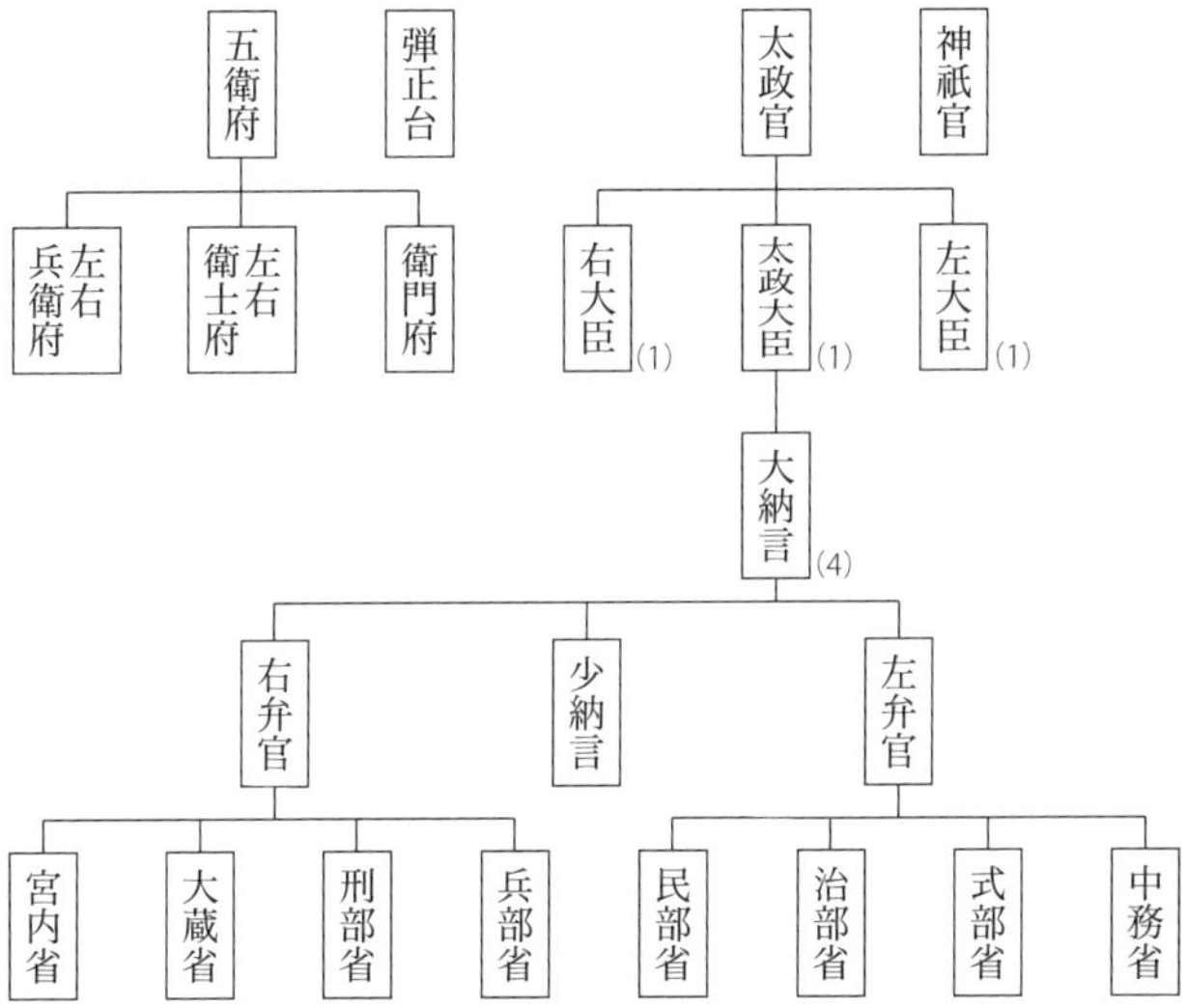

※括弧の数字は定員数。

■五畿七道図（8世紀頃）

『続日本紀　一』（新日本古典文学大系12、岩波書店、一九八九年）を参考に作成。

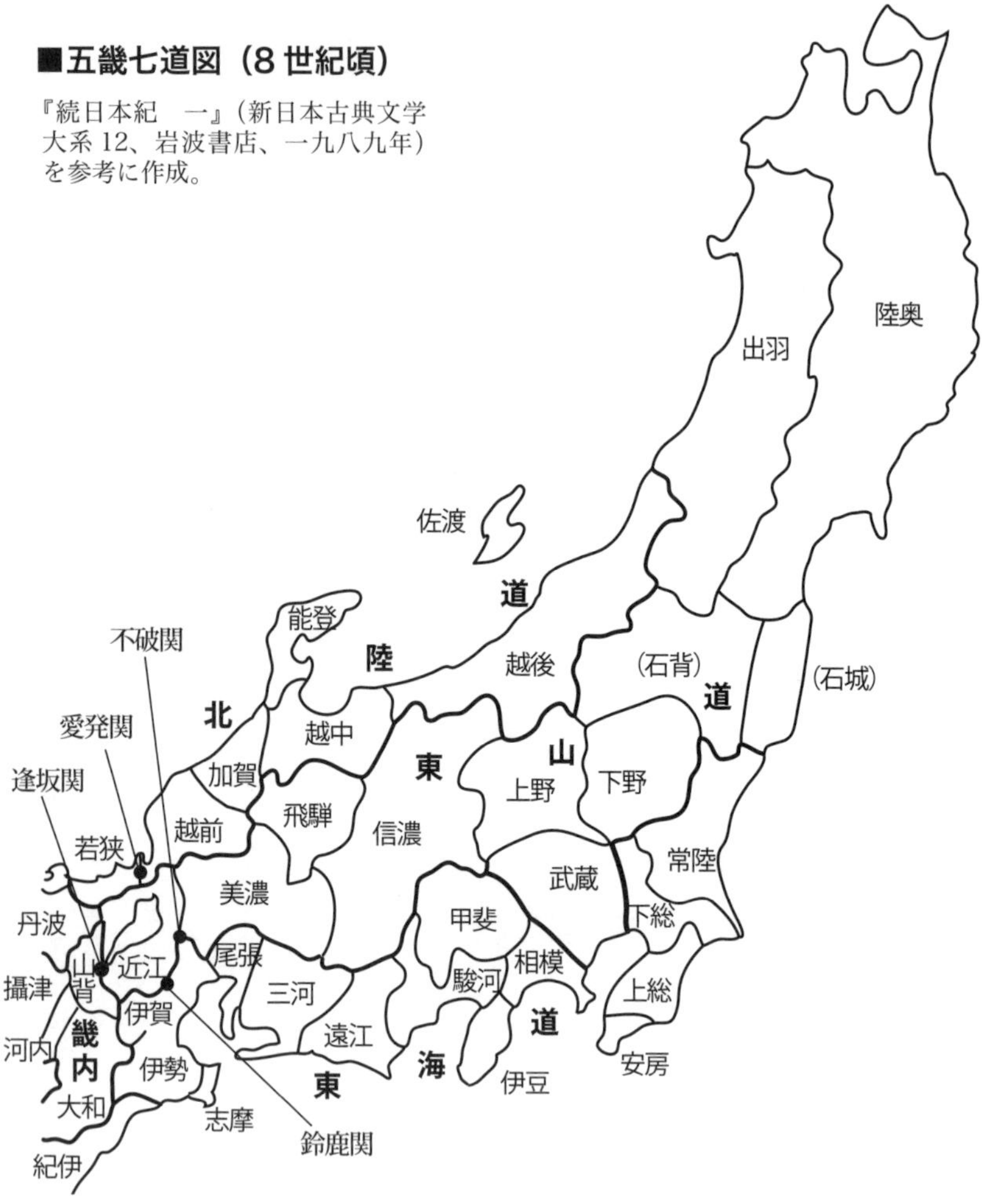

建国・併合変遷表

出羽	712	越後から分置
丹後	713	丹波から分置
美作	713	備前から分置
大隅	713	日向から分置
和泉	716 − 740 757 −	河内から分置
安房	718 − 741	上総から分置
能登	718 − 741	越前から分置
	741	越中に併合
	757 −	越中から分置
石城・石背	718	陸奥・常陸から分置 その後陸奥に併合
諏訪	721 − 731	信濃から分置
佐渡	743	越後に併合
	752	越後から分置
(加賀)	823	越前から分置

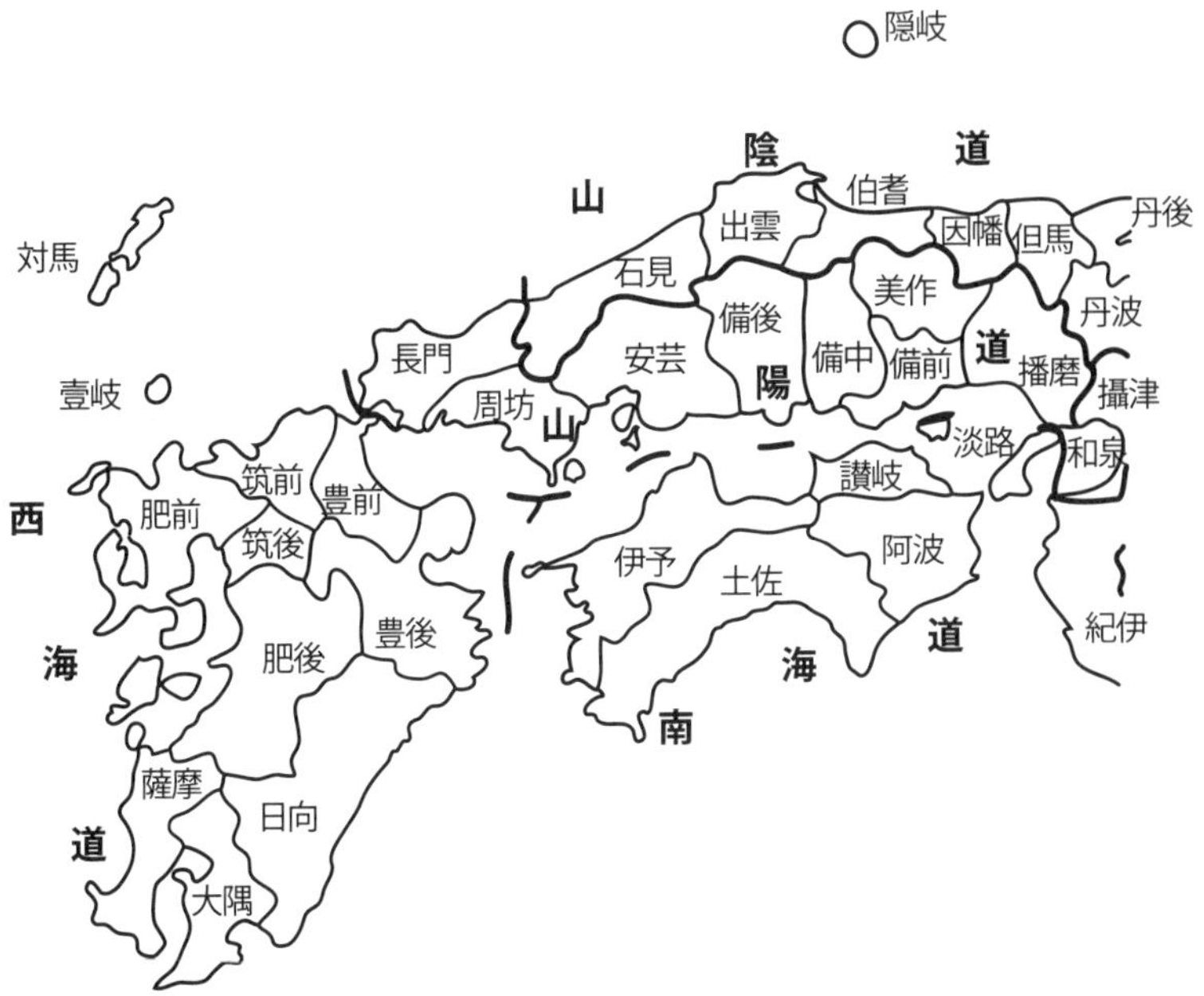

あとがき

寛永五（1628）年、六左衛門という人は六国史を読んでいたらしいと考えました。ところが「地震占い」はひらがなで書かれていて、漢文が読めたかどうか疑わしくなりました。そこで、当時の長野県史（近世資料編）に収められた寛永年中までの文書を拾ってみると、七十余あります。「支配者から農民達へ」の文書は漢文で書かれていて、人々が読めないとなると困ります。村切りされた各地域に支配者（武士）と連絡の取れる人がいて、命令文書は読めたのではないでしょうか。または、そういった人々がある一定数存在したと伺えます。

文の理解という発想を捨て、字の理解に重点をおけば、六国史を読むことはできたと考えられます。なぜなら、「占い文」を解くカギ・要素が諸氏の位階や職・動乱・気象・農業のこと（豊作や不作）・税と律に関わることなど帝紀の基本要素の内にふくまれ、単純だったからです。

戦国の時代が終わり、支配は文書で行われるようになります。現在の学校のような場所が求められるようになります。寛永のころでも、信濃に二人の寺子屋師匠が確認されるといいますから、学習意欲はさかんになったと思われます。「じしんうらない」は地域の師匠のような立場の人が、少なくも自分の子弟の初等教育の教科書として使ったようにも伺えます。

中村六左衛門という人は武士として生きてきたけれど、江戸時代に入ると農民の姿で文書に現れたと考えられます。

地震占いの要素は単純です。でも、単純のゆえに、「本当か?」という疑問が湧きます。補うために最近の文献を参照し事実の裏付けをしました。その結果どのように説明されてもなかなか頭に入ってこなかった古代の歴史がやっと理解できそうです。

柏原村は連れ合いの母親の郷里です。この母親は多分、大正の前半ころ家族とともに北海道へ移住・転居したらしいのですがよくわかりません。五十才を待たず亡くなったといいます。柏原村への望郷の想いを抱いたまま、「柏原村に帰りたい」と言いながら、彼の地でなくなったのです。

筆者は1995年、連れ合いの転勤がきっかけとなり、長野県小県《ちいさがた》郡東部町、今の東御《とうみ》市に転居しました。時間に余裕が生まれました。どう使おうかと考えたとき、連れ合いの母親の出生地近くに住んだのも何かの縁と捉えて、筆者と同年齢で幼い子らを置いて逝かなくてはならなかった母親への供養、鎮魂の祈りを形にしようと思いました。選んだのは、柏原村の古文書を読み理解することでした。古文書が読めなくては始まらないと覚悟して、東部町の古文書講座に入れていただき、農民が所有する草書体で書かれた村方文書を三年弱ここで学びました。そうこうするうちに文書の形式にも慣れ、草書体の文を現代文に直せるようになったのです。

信州の山は美しいです。遠くの山並みがガラス細工のように見えたある日です。大きな古書店が小諸郊外にオープンしたというので見にいきました。今となっては全くの偶然と言ってよく、その古書店に『長野県史』近世史料編の巻七が三冊そろって「私たちを連れてって」とでもいうように目に飛び込んできたのです。手にとってみると古文書講座で学んでいる草書体の文は活字に直されていて、とても読み易くなっていました。手間は大幅に短縮され『長野県史』によって柏原村を知ることになりました。長野県はさすがに図書館が充実していて、利用しやすいです。図書館に収蔵されている図書をコピーさせていただいたり、図書館司書の力を借りたりしながら、柏原村を深く知ることになったのです。村の歴史の最初に登場する農書についている『地震占い』は最後に回しておきました。意味があるか無いかずっと考えていました。確率計算の分野かと考えましたが、これでは計れないと結論しました。『大日本地震史料』の地震目録と『日本の歴史1』と『日本総合年表』を対照しながら読んだとき、荒唐無稽ではないと確信しました。めまいがするほどの一致点があったのです。すでに2006年になっていました。荒唐無稽ではないということを証明しなくてはなりません。それから、六国史を読み地震目録と比べる日々が続きました。

2019年、やっと謎が解けました。せっかくなので本の形にしておきたいと思いました。タイトルの字を書いてくださった友人の木本洋子様の御紹介で、作業報告のようなものを高文研様に送らせていただき、刊行をこころよくお引き受けいただきました。編集にかかった一年間は社長の飯塚直様のもとでたいそう充実した時を過ごさせていただきました。ここで、本が作り出される過程に立ち会い、課題を与えられ論文をものする雰囲気も味わえました。お二方に、とても感謝しております。ありがとうございました。

最後に、文書の記録や人物の関係図作成に協力してくれた周防さんにお礼を申し述べます。

佐藤　洋子

佐藤 洋子（さとう・ようこ）

大気が汚染され、東京下町の環境が極度に悪かったころ、多数の個人出資による診療所に勤務していました。

子育て時期は保育園が圧倒的に少なくて、母親になると働くに働けないという状況でしたので公立病院内保育所設立に参加しました。子どもの成長につれ、放課後の安全確保のため小学校区ごとに求められた地域の学童保育所の設立に参加、しばらく指導員として働きました。

国際児童年を契機に、「子どもの心と体を考える会」を結成、地域で「子どもの体調べ」（日本体育大学正木健雄教授・横浜商科大学有志の協力）を年一回、十回実施しました。

歴史遺産の地に大型宅造が計画されていたころ、逗子米軍住宅建設計画がもちあがりました。逗子市スローガン「緑豊かな平和都市」に魅せられ逗子に住んだのに、それは困るという立場から活動に参加しました。

米軍住宅反対の富野市長が実現した平成初め頃、市の望ましい環境像を模索するためには現状を把握すべきということで設けられた「逗子市環境管理計画策定部会」（委員長・東京大学農学部教授武内和彦氏）に市民委員として参加しました。

「地震占い」を解く

●二〇二〇年 九 月二五日 ――――第一刷発行

著 者／佐藤 洋子

発行所／株式会社 高文研

東京都千代田区神田猿楽町二―一―八
三恵ビル（〒一〇一―〇〇六四）
電話03＝3295＝3415
http://www.koubunken.co.jp

印刷・製本／中央精版印刷株式会社

★万一、乱丁・落丁があったときは、送料当方負担でお取りかえいたします。

ISBN978-4-87498-733-9 C0021